中华经典名著
全本全注全译丛书

中华
经典
名著

李冲锋◎译注

增广贤文

中华书局

图书在版编目（CIP）数据

增广贤文/李冲锋译注. —北京：中华书局，2021. 3（2025. 10 重印）

（中华经典名著全本全注全译丛书）

ISBN 978-7-101-15082-7

Ⅰ.增…　Ⅱ.李…　Ⅲ.古汉语-启蒙读物　Ⅳ.H194.1

中国版本图书馆 CIP 数据核字（2021）第 031019 号

书　　　名	增广贤文
译 注 者	李冲锋
丛 书 名	中华经典名著全本全注全译丛书
责任编辑	胡香玉
装帧设计	毛　淳
责任印制	管　斌
出版发行	中华书局
	（北京市丰台区太平桥西里 38 号　100073）
	http://www.zhbc.com.cn
	E-mail:zhbc@zhbc.com.cn
印　　　刷	北京盛通印刷股份有限公司
版　　　次	2021 年 3 月第 1 版
	2025 年 10 月第 12 次印刷
规　　　格	开本/880×1230 毫米　1/32
	印张 8¾　字数 200 千字
印　　　数	330001-336000 册
国际书号	ISBN 978-7-101-15082-7
定　　　价	28.00 元

目录

前言

《增广贤文》原名《昔时贤文》，亦称《古今贤文》。该书不知辑自何人，始于何时。书名最早见之于明朝万历年间汤显祖的戏曲《牡丹亭》。其中第七出《闺塾》有云："【绕地游】（旦引贴捧书上）素装才罢，款步书堂下，对净几明窗潇洒。（贴）《昔氏贤文》，把人禁杀，恁时节则好教鹦哥唤茶。"据考证，此处《昔氏贤文》即《昔时贤文》。由此可推知，此书最迟成书于万历年间。相传由明朝中叶的一个儒生编纂。后来，经过明、清两代文人的不断增补修订，这部书才成为现在的面貌，称为《增广昔时贤文》，通称《增广贤文》，或简称《增广》。

自清朝后期以来，这部书就风靡全国，影响极大，几乎家喻户晓，妇孺皆知。旧时人们说："读了《增广》会说话，读了《幼学》走天下。"一些人即使没读过《增广贤文》，由于经常听他人口口相传，也能够说出其中的一些名言警句。

《增广贤文》里的语句十分精辟，言语浅白，含义深刻，通俗易懂；形式上，大多两两相对，音韵和谐，朗朗上口，一经成诵，便经久难忘。《增广贤文》的内容相当广泛，涉及立身安命、为人处世、礼仪道德、风物典故、天文地理、自然规律等多方面，体现了儒、释、道等多种思想，蕴含着丰厚的人生智慧。具体说来，主要有以下主题：

一、惜时劝学。古人很早就意识到时光如水，不舍昼夜，并有很多形象化的表达:例如"人生一世,草木一春","枯木逢春犹再发,人无两度再少年","光阴似箭,日月如梭"等,都是我们耳熟能详的句子。他们也劝人勤学,认为读书比积累黄金更重要,如"少壮不努力,老大徒伤悲","读书须用意,一字值千金","积金千两,不如明解经书"等。这些金句也都脍炙人口。

二、品格修养。修身是人生第一要务,本书涉及很多方面:如仁义无价,"钱财如粪土,仁义值千金"等;如自强不息,"人老心未老,身贫志不穷"等;如宽容谦让,"将相顶头堪走马,公侯肚里好撑船","亏人是祸,饶人是福"等;如诚信待人,"许人一物,千金不移","人而无信,不知其可也"等;如自省精神,"平生只会量人短,何不回头把自量"等。这些潜藏着无穷哲理的句子,融合了儒家仁义礼智信、温良恭俭让等传统文化美德的优秀价值观。

三、人际关系。主要包括亲子关系,如"儿孙自有儿孙福,莫为儿孙作马牛";兄弟关系,如"兄弟相害,不如友生";夫妻关系,如"夫妻相好合,琴瑟与笙簧";朋友关系,如"相逢好似初相识,到老终无怨恨心","知音说与知音听,不是知音莫与弹"。这些语句对于如何处理好各种人际关系也有很强的指导意义。

四、批判社会黑暗丑陋。如写到司法不公、诉讼之难:"一字入公门,九牛拖不出","衙门八字开,有理无钱休进来";揭露人性丑陋:"莫信直中直,须防仁不仁","有钱道真语,无钱语不真";感叹世态炎凉:"有茶有肉多兄弟,急难何曾见一人","人情似纸张张薄,世事如棋局局新"。

五、古人的天道观。例如"顺天者存,逆天者亡","人间私语,天闻若雷。暗室亏心,神目如电"。古人认为,凡事遵循天道,才会得到好的结果。这固然受限于科学和时代的因素,却很有积极意义,比如引导人们向善向美、遵循客观规律等,我们今天仍然会用"天理难容"这样的成语。

此外,本书还有很多句子体现了古人居安思危的忧患意识、知足知止的生存智慧、物极必反的辩证思维方法，这些对于今天的我们为人处世同样有疗效。

然而，本书毕竟是封建社会、农业时代的产物，不可避免地带有鲜明的时代印痕和思想局限。如宿命论，"死生有命，富贵在天"，"万事皆先定，浮生空自忙"。如因果报应，"善有善报，恶有恶报"等。如男尊女卑的观念，"在家从父，出嫁从夫"，"有儿贫不久，无子富不长"，这种价值观明显已经过时。书中也有不少消极颓废的思想，如"月过十五光明少，人到中年万事休"，"今朝有酒今朝醉，明日愁来明日忧"；但求自保、不顾大局的观念，如"见事莫说，问事不知。闲事莫管，无事早归"。对这类内容，我们在今天应该批判地对待。

书中还有些内容十分相似，甚至部分重复。例如："白发不随老人去，看来又是白头翁。""记得少年骑竹马，看看又是白头翁。""儿孙自有儿孙福，莫为儿孙作马牛。""莫把真心空计较，儿孙自有儿孙福。"之所以出现这种情况，或许是这些话语在不同时代、不同地方流传，后加入书中而未加审读造成的。

《增广贤文》在结构上没有什么组织，每则之间没有多少联系，这使得本书显得有些散乱。这与编纂者没有精心整理有关，也或许是因为不同时代的人分散累积补缀造成的，当然，这也与它是格言警句的集锦有关。无论如何，这些经过大浪淘沙沉淀下来的经典语句，每一句都是智慧的结晶，是人类世代积累的经验的传递，是一种价值理念、道德观念、社会知识等的"再生产"。

《增广贤文》的内容来源十分广泛，大部分直接来自先秦典籍、诸子言论、笔记小说、诗词曲赋等，博采众长，名句荟萃。"有文言，有俗言，有直言，有婉言，有善恶言、勉戒言、在家出家言，复有仕宦治世言，隐逸出世言，士农工商，无一不备。"（何荣爵《重订增广序》）。通过对《增广贤文》每则格言源流的梳理考察，可以发现来源较多的除"四书五经"外，还有佛教典籍《五灯会元》、戏曲《琵琶记》等著作。在明末藏书家毛晋编辑的《六十种曲》里,也可以看到明代中期以前的很多戏曲杂剧已广泛征引《增广贤文》里的语句了,这说明彼时《增广贤文》已经相当流行。而在之后的"三言二拍"中,《增广贤文》里的语句就更为随处可见。通过对源流的探究,可以推断原文在流传过程中的一些用字讹误,如"黄金无假,阿魏无真"应为"黄芩无假,阿魏无真"。同时,源流的梳理也为理解原文提供了有益的帮助,因为有些语句如果脱离了上下文和原始语境,我们就无法准确理解其内在含义。

中华优秀传统文化具有非常强大的生命力与延续性。《增广贤文》作为古人宝贵人生经验的总结,具有价值引领、方法指导、动力激发等多重功能,可以给人以中华优秀传统文化的积极人生力量。因此,这部书被人们视为处世金箴、做人指南。几百年来,《增广贤文》流传至今并且仍然是许多人所喜爱的读物,其辩证看待问题的理性态度、得宠思辱的忧患意识、知足知止的乐观心态、讲仁义守诚信的价值理念,对于现代人的行为规范仍然具有灯塔般的指引作用。因此,这是一部人生之书,值得终生细品慢悟,学习借鉴。读《增广贤文》,有时像拜访了一位饱经沧桑的老者,因听其谆谆之言而醍醐灌顶;有时又像偶遇了一个鲜衣怒马的少年,因见其生机蓬勃而为之欢喜。

如前所述,本书对人性丑恶、官场腐败、世态炎凉等诸多问题的揭露与批判十分犀利。有人认为,作为一部蒙学读物,这些过多聚焦人情冷暖的句子对于儿童来说不够友好,过于世俗和早熟。然而,社会的阴暗面不会因我们的一时屏蔽而凭空消失,正如罗曼·罗兰所言:"世界上只有一种英雄主义,那就是在看清生活的真相后依然热爱生活。"《增广贤文》中的语句直面世事的复杂、人性的弱点,其对人性的深刻洞见,对世情的冷峻观察,正是这部书的深刻所在。或许,我们也不应低估孩子的辨析力,这是人本自具足的判断能力。

《增广贤文》的版本除通行本外,还有改本、重订本、新编本等多种。清朝咸丰年间,一位署名硕果山人(生平不详)的儒士,对它进行了一番修订补缀，并且按字数多少，以四言、五言、六言、七言、杂言的顺序分五个部分编排，末附对仗俚语57联，书名更易为《训蒙增广改本》，特别标明了童蒙教育的鹄的。清朝同治八年（1869），儒生周希陶（生卒、籍贯不详）对《昔时贤文》稍作删补，以平韵、上韵、去韵、入韵等四韵进行了新的编排，即成《重定增广》。

本次"中华经典名著全本全注全译丛书"之《增广贤文》，是以国家图书馆所藏清末聚善堂本《改良增广贤文》为底本，同时参校了1912年上海昌文书局出版的《绘图明贤集》，以及1937年《全本增广贤文（绘图格言）》等版本。对于不同版本中的重要异文，在注释中加以说明。在条目划分时，不求形式的整齐，而求句意的完整，一个独立的句意即为一则条目，共三百多则条目。

本书在体例上分为注释、译文、点评三部分。"注释"部分，除字词释义外，还标明语句的来源及演变等。由于本书流传过程中经过了不同时代不同人的辑录增补，所以，我们尽量大海捞针，搜罗出某一语句所见较早的古代典籍。"译文"部分以直译为主，意译为辅。"点评"部分是对原句的评析及拓展等，以期加深读者对原句的理解，同时起到交流之作用。

本书编写幸赖前人的研究成果，特别参考了今人郭俊峰、张菲洲译评本，张齐明译注本，冯国超译注本等版本，在此一并表示感谢。胡香玉编辑为本书出版给予了大力帮助。在体例确定、版本考证、内容调整、字词校对等方面，她都付出了大量心血。在此深表感谢。

虽已尽心写作，然学力不逮，识浅见陋在所难免，恳请读者批评指正。

李冲锋

2020年12月

于卧书公室

一

　　昔时贤文①,诲汝谆谆②。集韵增广③,多见多闻④。观今宜鉴古⑤,无古不成今⑥。

【注释】

①昔时:过去,从前。贤文:贤达之人所作文章,或曰精悍优美的文字。

②诲(huì)汝谆谆(zhūn):恳切教导你。《诗经·大雅·抑》:“诲尔谆谆,听我藐藐。”诲,教导,劝说。汝,你。谆谆,恳切、耐心的样子。

③集韵:按照韵文的形式采集编排。韵,韵语,韵文,如诗、词、曲、赋、对联等。增广:增加见闻,广开视野。

④多见多闻:多看别人行事,多听别人说话。此指读此书能带来增加见闻之效果。《论语·为政》:“子张学干禄。子曰:‘多闻阙疑,慎言其余,则寡尤;多见阙殆,慎行其余,则寡悔。言寡尤,行寡悔,禄在其中矣。’”

⑤鉴古:指以古为镜。《新唐书·魏徵传》载唐太宗语:“以铜为鉴,可正衣冠;以古为鉴,可知兴替;以人为鉴,可知得失。朕尝保此三鉴,内防己过。今魏徵逝,一鉴亡矣。”鉴,镜子。

⑥无古不成今：没有过去就没有今天。据《庄子·知北游》，冉求问于仲尼曰："未有天地可知邪？"仲尼曰："可。古犹今也。"冉求失问而退。明日复见，曰："昔者吾问'未有天地可知乎？'夫子曰：'可。古犹今也。'昔日吾昭然，今日吾昧然，敢问何谓也？"仲尼曰："昔之昭然也，神者先受之；今之昧然也，且又为不神者求邪！无古无今，无始无终。未有子孙而有子孙可乎？"冉求未对。

【译文】

从前贤达之人的文字，对你有恩切的教益。收集文质兼美的格言警句，可以帮助你扩充耳目、广博见闻、增加智慧。观察体悟今日之世事，应以古代的历史为借鉴，因为今天是由过去延续而来的，没有过去就没有现在。

【点评】

本则阐明阅读"昔时贤文"的重要性，彰明编纂本书的宗旨。

作者认为，"贤文"对人的成长具有重要作用。阅读昔时流传下来的"贤文"，可以鉴古知今，帮助人们更好地传承历史、理解现实，从而更好地生活在当下。虽然斗转星移，世事变迁，但人性是相通的，古人修身齐家的智慧、为人处世的原则、观照世界的理念，不会因时空转换而成为明日黄花。经过大浪淘沙，那些昔日贤文中的格言警句，已成为中华优秀传统文化的一部分，是古人留下的宝贵精神财富，对当代人立身处世仍有很强的借鉴意义和不同角度的启迪。

<h1 style="text-align:center">二</h1>

知己知彼①，将心比心②。

【注释】

①知己知彼：认识自己、了解他人。《孙子兵法·谋攻篇》："知彼知

己者，百战不殆；不知彼而知己，一胜一负；不知彼不知己，每战必殆。"

②将心比心：以自己的感受衡量他人的感受。《朱子语类·传十章释治国平天下》："问：'前后左右何指？'曰：'譬如交代官相似。前官之待我者既不善，吾毋以前官所以待我者待后官也。左右，如东邻西邻。以邻国为壑，是所恶于左而以交于右也。俗语所谓"将心比心"，如此，则各得其平矣。'"将，拿、用。比，比较，衡量。

【译文】

人要认识自己，同时也要了解他人；要以自己的感受衡量别人的感受。

【点评】

这两句是说人际交往的准则。

《孙子兵法》中的"知彼知己者，百战不殆"，指作战时，对敌方与我方的情况全面把握，才能百战不败，突出强调了熟悉彼此情况的重要性。而在与人相处时，"知己知彼"是要做到认清自己的特点，又熟悉对方的性格和需求，这样才能相处得长久。

知彼不易，知己尤难。《老子》第三十三章云："知人者智，自知者明。"王弼注云："知人者，智而已矣，未若自知者，超智之上也。"由此可见，自知比知人更需要智慧。《韩非子·喻老》说："故知之难，不在见人，在自见。故曰：'自见之谓明。'"认识事物的困难，不在于看清别人，而在于看清自己。所以，能彻底认清自己才叫明察。

将心比心，即今日所谓"换位思考"，拿自己的感受来体谅别人的感受，才容易感同身受，才可能理解他人，减少误解，使人与人的关系更为融洽。《论语》提出"忠恕之道"，强调"己所不欲，勿施于人"。这种"推己及人"的思维方式与情感模式是中华传统美德得以形成的源泉，是人类能够和谐相处、共生共存的基础。

三

酒逢知己饮，诗向会人吟①。

【注释】

①"酒逢知己饮"二句：《五灯会元·渺潭文准禅师》："蓦拈拄杖，起身云：'大众宝峰何似孔夫子？'良久曰：'酒逢知己饮，诗向会人吟。'卓拄杖，下座。"知己，能够理解自己的人。会人，能够领悟的人。会，懂得，理解。吟，吟咏，吟诵。

【译文】

酒要与能够理解自己的人一起喝，诗要向真正懂诗的人吟咏。

【点评】

这两句是说知己的重要。

人们都希望他人能够理解自己、认可自己、欣赏自己，这样的人会被认为是知己。与知己在一起交流谈心，能够引起情感的共鸣、思想的共振、价值的认同，由此带来身心的愉悦，堪称人生快事。欧阳修在《春日西湖寄谢法曹韵》中有言："酒逢知己千杯少，话不投机半句多。"

酒逢知己饮，是"我醉欲眠卿且去，明朝有意抱琴来"的率性随意，是"劝君更尽一杯酒，西出阳关无故人"的深情嘱托；诗向会人吟，是陆凯寄给范晔的"江南无所有，聊赠一枝春"，是刘禹锡回应白居易的"今日听君歌一曲，暂凭杯酒长精神"。

四

相识满天下，知心能几人①？

【注释】

①"相识满天下"二句:《五灯会元·云盖继鹏禅师》:"问:'佛未出世时如何?'师曰:'天。'曰:'出世后如何?'师曰:'地。'上堂:'高不在绝顶,富不在福严。乐不在天堂,苦不在地狱。'良久曰:'相识满天下,知心能几人?'"

【译文】

相识之人千千万万,满天下都是,但真正能够相知的又有几个人呢?

【点评】

这两句是说"知音难觅"。

知己是精神的相契和共情,俞伯牙与钟子期的高山流水是知己,管仲与鲍叔牙的相知相荐是知己。有的知己是一见如故,有的知己是日久生情。无论怎样,知己需要经营,更需要缘分,不是轻易能遇到的。正因知音难觅,鲁迅发出了"人生得一知己足矣"的慨叹。

五

相逢好似初相识①,到老终无怨恨心。

【注释】

①初相识:第一次见面互相认识。

【译文】

如果人与人每次相逢都能做到像第一次见面时那样互尊互敬,那么即使相交到终老也不会产生怨恨之心。

【点评】

这两句讲人际交往之道。

人与人相交,难得的是不改初心。初识之人总会互尊互敬、热情周到、不犯禁忌,人与人之间的交往若能自始至终都保持如此状态,情谊就可以长久。清朝词人纳兰性德也发出过类似感慨："人生若只如初见，何事秋风悲画扇。"人生如果都像初次相遇那般相处，该是多么美好，那样就不会有后来的相思之苦了。

六

近水知鱼性①，近山识鸟音②。

【注释】

①鱼性：鱼的生活习性。《诗经·小雅·鹤鸣》："鱼潜在渊，或在于渚。……鱼在于渚，或潜在渊。"笺云："此言鱼之性。寒则逃于渊，温则见于渚。"

②识：辨识。鸟音：鸟的鸣叫声。金代高公振《裴氏西园》："竹阴疏处见潭影，人语定时闻鸟音。"

【译文】

居于水边的人，可知晓各种鱼的生活习性；住在大山附近的人，能辨别各种鸟的鸣叫声。

【点评】

这两句说明环境对人的知识、才能长进的重要影响，也说明要认识某些事物必须要深入了解观察它们。

经常接触某些事物，时间长了慢慢就会熟悉它们的特点、进而很容易辨识它们。人对自己所处环境中事物特征的把握，与人的主动认识是分不开的。环境影响与个人努力是成就自我、认识世界的双重原因。

七

易涨易退山溪水，易反易覆小人心①。

【注释】

①小人：指识见浅狭或心口不一的人。

【译文】

容易涨也容易退的是山溪里的流水，容易变化无常的是小人的心态。

【点评】

这两句重在说小人的反复无常。

本则以容易涨退的山涧流水的变化，来类比小人容易反复无常的心态。小人因对事物认识不清，或者贪图眼前利益，而不断变化想法，所以心态常常反复不定。品质高尚的人言行一致，言必信，行必果；品质差的人表里不一，反复无常，见利忘义。易反易复，是人生大忌。

八

运去金成铁，时来铁似金①。

【注释】

①"运去金成铁"二句：宋邵康节《养心歌》："得岁月，忘岁月；得欢悦，忘欢悦。万事乘除总在天，何必愁肠千万结？放心宽，莫胆窄，古今兴废言可彻。金谷繁华眼里尘，淮阴事业锋头血。陶潜篱畔菊花黄，范蠡湖边芦月白。临潼会上胆气雄，丹阳县里箫声绝。时来顽铁有光辉，运退黄金无艳色。逍遥且学圣贤心，到此方知滋味别。粗衣淡饭足家常，养得浮生一世拙。"运，运势。时来，时运来了。

【译文】

运势逝去时，金子也像废铁一样不值钱；时运来临时，废铁也像金子一样珍贵。

【点评】

这两句讲时运对人的影响。

　　运气不好时,做什么事情都不顺利,有价值的东西也会变轻或没有价值;运气好时,做什么事情都会顺利,价值不大的东西也会显示出很高的价值。明代冯梦龙在《警世通言·赵春儿重旺曹家庄》有言:"运去黄金失色,时来铁也生光。"

　　但人并非完全任由"时运"摆布,要相信事在人为,相信"机遇偏爱有准备的头脑",先武装自己,充实头脑。《周易·系辞传》云:"君子藏器于身,待时而动,何不利之有?"一个人要认识到时机、运气对人的重要影响,当运气不佳时,要等待时机,待时而动;当幸运降临时,要抓住时机,奋发有为。

九

　　读书须用意①,一字值千金②。

【注释】

①用意:用心。

②一字值千金:《史记·吕不韦列传》:"是时诸侯多辩士,如荀卿之徒,著书布天下。吕不韦乃使其客人人著所闻,集论以为八览、六论、十二纪,二十余万言。以为备天地万物古今之事,号曰《吕氏春秋》。布咸阳市门,悬千金其上,延诸侯游士宾客有能增损一字者予千金。"后来常用"一字千金"来形容文章或书籍价值极高。

【译文】

读书一定要用心,一个字就会价值千金。

【点评】

这两句劝人读书要用功。

　　"一字值千金",是"读书须用意"的动力之源,可以理解为书上的字能够带来一字千金的价值,因此要刻苦学习;也可以理解为读书用功之后,才能够写出一字千金的精妙文章,因此要用心学习。不论做哪种理解,目的都是一样的,劝人好好读书,才能获得由此带来的巨大收益。

当然,读书更多的是带给人们精神的成长。读书破万卷,不仅下笔如有神,而且对人的眼光格局的影响都是千金换不来的。

一〇

逢人且说三分话,未可全抛一片心^①。

【注释】

①"逢人且说三分话"二句:《全宋文》方大琮《与岩仲书》:"昔人出一言可见肝胆,近世则有逢人且说三分话之说。若司马氏教人自不妄语始,则其法严矣。不妄云者,直在其中,而疏率自无矣。"《五灯会元·育王怀琏禅师》:"上堂:'太阳东升,烁破大千之暗。诸人若向明中立,犹是影响相驰。若向暗中立,也是藏头露影汉。到这里作么生吐露?'良久曰:'逢人只可三分语,未可全抛一片心。参!'"逢,遇到。且,暂且。

【译文】

与人说话时只说三分,不可把自己内心的想法全部说出来。

【点评】

此则讲人际交往时的注意事项,反映了人们谨言慎行、消极避祸的戒备心理,也是人们明哲保身思想的体现。

说话时只说三分,还保留了七分意思没有说出来,这就为自己留下了回旋的空间,使自己处于一种主动的状态。这就叫不要把话说满、说死。这不仅是说话的问题,其实是做人的智慧。

当然,这样的交往方式显得不够坦诚,也会带来社交上的障碍。

一一

有意栽花花不发,无心插柳柳成荫①。

【注释】

①"有意栽花花不发"二句:元关汉卿《包待制智斩鲁斋郎》第二折:"(鲁斋郎引张千上)着意栽花花不发,等闲插柳柳成阴。小官鲁斋郎是也。"

【译文】

用心栽种的花没有开放,无意插下的柳条却长得枝叶繁茂形成了树荫。

【点评】

这两句反映了事情发展的不可预料性。

世事难料,很多事情的发展是与人的初衷相反的。有的事情有意为之,却不成功;有的事情无心为之,却产生了意想不到的收获。虽然事物的发展具有不可预料性,但并不能因此而放弃努力。只有积极地去实践,才可能产生意想不到的收获。插柳虽无意,但也总是要先插,然后才可能成荫。

一二

画虎画皮难画骨①,知人知面不知心。

【注释】

①画虎画皮难画骨:指画虎外表易画,骨相难描。比喻人心难测。

【译文】

画老虎,画出它的皮毛容易,难的是画出它的骨相;认识人,了解他的外貌容易,难的是了解他的内心。

【点评】

本则慨叹识人之难或知心之难。

人们容易认识事物的外表，却难以把握事物的本质；容易把握人的外表，却难以认清他的内心。常言道："人心隔肚皮。"人们常常会把内心真实的想法掩藏起来，通过外表往往难以看清。

《史记》记载，汉朝的郦寄与吕禄是好朋友。当时吕禄等吕氏家族独揽兵权，打算叛乱。太尉周勃等大臣想要控制禁军，但束手无策。他想了一个办法，劫持郦寄的父亲郦商，胁迫郦寄游说吕禄交出兵权。吕禄以为郦寄是自己的至交，不会欺骗自己，信了他的话，离开北军出去打猎。结果，周勃趁机进入北军，遂除掉了吕氏一族。吕禄没有想到被自己认为的至交所出卖。这就是"知人知面不知心"吧。

一三

钱财如粪土^①，仁义值千金^②。

【注释】

①钱财如粪土：指轻视钱财。《晋书·殷浩传》："或问浩曰：'将莅官而梦棺，将得财而梦粪，何也？'浩曰：'官本臭腐，故将得官而梦尸。钱本粪土，故将得钱而梦秽。'时人以为名言。"

②仁义：为传统道德的最高原则，与"礼、智、信"合称为五常。《礼记·曲礼上》："道德仁义，非礼不成。"《韩非子·五蠹》："故文王行仁义而王天下。"

【译文】

金钱和财物就像粪土一样，并没有多少价值；而仁德和道义像千锭金银一样，贵重而难得。

【点评】

本则是"重义轻利"思想的表现。

"重义轻利"是儒家文化的传统美德。孔子曾云："不义而富且贵，于我如浮云。"(《论语·述而》)意思是，违背仁义道德而得来的财富与社会地位，就像天上的浮云一样轻飘而没有意义。钱财不能买来仁义，仁义却能够带来比钱财更重要的东西。

一四

流水下滩非有意①，白云出岫本无心②。

【注释】

①滩：江河中水浅多石而水流很急的地方。

②白云出岫（xiù）本无心：晋陶渊明《归去来辞》："云无心以出岫，鸟倦飞而知还。"岫，峰峦、山谷。

【译文】

流水向下面的河滩流动并非有意为之，白云自然地飘出山峰也本是无心之举。

【点评】

本则旨在说事物的发展乃顺其自然。

流水下滩、白云出岫，都不是外力使然，而是出于自然之性。顺其自然，但却成为大自然中不可或缺的风景，显示出了自己的价值。苏轼有一首词《哨遍·为米折腰》，是根据陶渊明的《归去来辞》改写而成的，其中有两句是："云出无心，鸟倦知还，本非有意。"

人生亦当如此，凡事不必强求，顺其自然，便是幸福人生。这种顺其自然的认识，是道家思想的一种体现。

一五

当时若不登高望，谁信东流海洋深。

【译文】

当时若不是登到高处去眺望，谁会相信东流的水所抵达的海洋是那样深广呢。

【点评】

这两句说明了站位高的重要性。

常言道：站得高，才能看得远。不然就会像井底之蛙一样浅陋。《庄子·秋水》讲到河伯望洋兴叹的寓言。当"秋水时至，百川灌河"时，河伯欣然自喜，以为"天下之美为尽在己"，而等他来到北海，看到海面一望无际时，才望洋兴叹原来自己是井底之蛙。王安石在《游褒禅山记》中也讲过这层意思："古人之观于天地、山川、草木、虫鱼、鸟兽，往往有得，以其求思之深而无不在也。夫夷以近，则游者众；险以远，则至者少。而世之奇伟、瑰怪，非常之观，常在于险远，而人之所罕至焉，故非有志者不能至也。"无限风光在险峰，只有深入探究、立志高远、敢于登高远望，才能看到更美的风景。"欲穷千里目，更上一层楼。"

一六

路遥知马力，事久知人心①。

【注释】

①"路遥知马力"二句：《古尊宿语录》："上堂，举兴化问克宾维那：'汝不久为唱道之师？'克宾云：'我不入这保社。'化云：'你会了不入，不会了不入？'克宾云：'我总不恁么。'化便打。遂罚钱五

贯，设馔饭了，趁出院。后来却法嗣兴化。师云：'还会么？路遥知马力，岁久见人心。'以拂子击禅床，下座。"

【译文】

路途遥远，才能够看出马的耐力；做事久了，才能够看出人的心性品质。

【点评】

这两句是说判断事物要经过长期观察。

唐李世民有《赠萧瑀》一诗："疾风知劲草，板荡识诚臣。"南宋文天祥《正气歌》云："时穷节乃见，一一垂丹青。"这些话都表达了同样的道理，只有经过事情与岁月的检验，才能看出人真正的品格。

新朝末年，刘秀起兵反抗王莽的统治，当军队经过河南颍川时，王霸前来投奔。后来，刘秀势力减弱，处境危险。随从纷纷弃他而去，只有王霸还和以前一样，忠心耿耿跟着刘秀。刘秀感慨道："颍川从我者皆逝，而子独留，始验疾风知劲草。"最后，刘秀的力量不断壮大，终于建立了东汉王朝。王霸因为忠义，一直受到刘秀重用。汉明帝时，王霸被列为"云台二十八将"之一。

一七

两人一般心，有钱堪买金。一人一般心，无钱堪买针①。

【注释】

①"两人一般心"四句：明代南戏《杀狗记》（全名《杨德贤妇杀狗劝夫》）第十九出："俗谚说：'家有一心，有钱买金；家有二心，无钱买针。'"一般，一样。堪，能够。

【译文】

两个人同心同德，才能够拥有买到黄金的钱财；一个人一个想法，意见不一，就会沦落到无钱买针的境地。

【点评】

这两句强调人心统一的重要性。

同心协力，是做事成功的关键。《周易·系辞上》里说："二人同心，其利断金。同心之言，其臭如兰。"人心统一，必有合力，即使困难坚如黄金，也定能攻克。反之，若离心离德，就会一事无成。团结就是力量，这是千古不易之理。

一八

相见易得好，久住难为人^①。

【注释】

①"相见易得好"二句：《全宋诗》释道颜《颂古二十首》："将谓众生苦，更有苦众生。相见易得好，共住难为人。"久住，指在他人家里住得时间长。

【译文】

初次相见的时候，容易相处融洽；若是长久住在一起，则难免有诸多不方便，产生各种矛盾。

【点评】

这两句告诫人们，做事一定要适可而止。这也是为人处世的经验之谈。

朋友或者亲戚初相见时都很亲切，客人能够得到主人的热情款待。若是住得久了，双方热情消退，情感归淡，则容易生出一些不愉快的事情，甚至会生出厌恶来。所以，也就难为人了。俗语说的"亲戚远香近臭"，也是这个道理。

一九

马行无力皆因瘦，人不风流只为贫^①。

【注释】

①风流：风度仪态。贫：缺乏钱资。

【译文】

马跑起来没有力气，都是因为长得太瘦了；人不风流潇洒，只是因为太贫穷了。

【点评】

本则旨在说明贫穷对人的影响与限制。

贫穷固然会影响人的物质生活，然而，一个人的仪态风度不会因贫困而受限。人生的成就并不因贫穷而被阻挡。唐王勃《滕王阁序》有"穷且益坚，不坠青云之志"的警句。在孟子看来，大丈夫能做到"富贵不能淫，贫贱不能移，威武不能屈"，也是一种风流。

二○

饶人不是痴汉，痴汉不会饶人^①。

【注释】

①"饶人不是痴汉"二句：元吴亮《忍经》："谚曰：'忍事敌灾星。'谚曰：'凡事得忍且忍，饶人不是痴汉，痴汉不会饶人。'谚曰：'得忍且忍，得诫且诫，小事成大。'"饶，饶恕、宽容。痴汉，此指没思想、没头脑的人。

【译文】

会饶恕别人的人不是痴汉，痴汉是不会饶恕别人的。

【点评】

这一则劝人学会饶恕他人。

饶恕是一种宽容的美德，使他人得以解脱，自己也得以释怀。饶恕，是一举两得、两全其美的事情。遇事斤斤计较，睚眦必报，最终是自寻烦恼，成为痴汉。凡事不必太较真，该放手时要放手，得饶人处且饶人。饶恕他人并不是一种痴傻的行为，而是一种人生的智慧。

据宋彭乘《墨客挥犀》记载，韩琦担任北都知州时，他的中表亲曾献给他一只玉盏。这玉盏完美无瑕，堪称绝世之宝。韩琦专门摆宴庆祝。谁知宴会之上，一个差役不小心碰倒桌子，玉盏被摔碎了。在座来宾无不惊愕，那差役也伏地待罪。韩琦不动神色，先笑对座客道："物破自有时。"再对那差役说："汝误也，非故也，何罪之有？"韩琦认为差役只是不小心而已，不是故意的，没什么罪过。如此能"饶人"，当然是"痴汉"望尘莫及的。

二一

是亲不是亲^①，非亲却是亲^②。

【注释】

①是亲不是亲：《全元曲·包龙图智赚合同义字》："（包待制云）这老儿好葫芦提。怎生婆婆说不是就不是？兀那李社长，端的他是亲不是亲？"

②非亲却是亲：南宋戏文《张协状元》："（末白）亚婆，且放心，它自记得买将归。（净）我命非亲却是亲。（末）你门得镜我无因。（净）自家骨肉尚如此。（合）何况区区陌路人。"

【译文】

是亲人却不像亲人一样对待，不是亲人却像亲人一样亲近。

【点评】

这一则是说人与人之间亲与不亲，不在于是否有血缘关系，而在于是否能够真心相待。

即使有血缘上的关系，不互相关爱，也不亲热。比如，有的子女不赡养父母、有的父母动辄打骂子女，有的兄弟互相争斗，反目成仇。他们虽然是亲人，却无法获得温暖和亲近。有时，人与人之间虽然没有血缘上的关系，却能够热情相待、互相照顾，让人感到亲人一般的温暖。

二二

美不美，乡中水。亲不亲，故乡人①。

【注释】

①亲不亲，故乡人：元佚名《冻苏秦》第三折："凭着我胸中豪气三千丈，笔下文才七步章。亲不亲，是乡党，若今番到举场，将万言书见帝王。"

【译文】

无论是不是甜美，最爱的还是家乡的水。不管是不是亲近，眷恋的还是故乡的人。

【点评】

这两句反映了人们对家乡的热爱之情。

不论走多远，家乡永远都是人心灵的归宿，人们永远都热爱着家乡的山山水水和父老乡亲。这是每个人心头萦绕的"乡愁"。正如杜甫所言"露从今夜白，月是故乡明"。

二三

莺花犹怕春光老^①，岂可教人枉度春^②？

【注释】

①莺花犹怕春光老：此句或本于欧阳修《六一诗话》："石曼卿自少以诗酒豪放自得，其气貌伟然，诗格奇峭，又工于书，笔画遒劲，体兼颜、柳，为世所珍。……曼卿卒后，其故人有见之者，云恍惚如梦中，言我今为鬼仙也，所主芙蓉城，欲呼故人往游，不得，怂然骑一素骡去如飞。其后又云，降于亳州一举子家，又呼举子去，不得，因留诗一篇与之。余亦略记其一联云：'莺声不逐春光老，花影长随日脚流。'神仙事怪不可知，其诗颇类曼卿平生语，举子不能道也。"莺花，黄莺和鲜花，泛指花鸟。老，消逝，逝去。

②枉：白白地。春：青春年华，指人生中的美好光阴。

【译文】

黄莺和鲜花尚且担忧春天时光的流逝，人们怎么可以白白浪费大好的青春年华呢？

【点评】

此则教人惜时。

时间是最宝贵的资源。古人早就意识到时间比玉璧和黄金还要珍贵。《淮南子·原道训》中有言："故圣人不贵尺之璧，而重寸之阴，时难得而易失也。"圣人不看重直径一尺的玉璧，而认为一寸光阴更为贵重。这正是《千字文》所说的"尺璧非宝，寸阴是竞"，后来也有"一寸光阴一寸金，寸金难买寸光阴"的谚语。

"林花谢了春红，太匆匆。"青春对于每个人只有一次，青少年更应该好好把握时间，奋发有为，不让年华虚度，不让青春有悔。

二四

相逢不饮空归去,洞口桃花也笑人①。

【注释】

①"相逢不饮空归去"二句:宋吴开《优古堂诗话》:"唐李敬方《欢醉诗》云:'不向花前醉,花应解笑人。只因连夜雨,又过一年春。日日无穷事,区区有限身。若非杯里酒,何以寄天真。'杜子美绝句云:'二月已破三月来,渐老逢春能几回?莫思身外无穷事,且尽生前有限杯。'二诗虽相沿,而杜则尤工者也。世所传'相逢不饮空归去,洞口桃花也笑人'之句,盖出于敬方云。"

【译文】

朋友相逢,如果没有喝酒尽兴就各自回去了,就连洞口边的桃花也会笑话他们不够情谊。

【点评】

这两句是劝酒的话,是古代饮酒文化的一种反映。

劝人饮酒是热情好客的表现,以酒助兴是文人雅士的日常状态,如"晚来天欲雪,能饮一杯无",如"两人对酌山花开,一杯一杯复一杯",否则,就显得不够情谊,让人笑话。句中不说怕他人笑话,而是说连洞口边的桃花也要笑了,劝酒方式委婉而真挚,让人不得不接受这份真诚的邀请。

明朝张岱在《快园道古·隐逸部》中记载了"何虞醋交"的故事。虞原璩学问渊博,隐居瑞安,郡守何文渊时时乘小舟前去拜访,二人称为莫逆之交。一天傍晚,二人坐谈良久,不觉夜半,很想喝点酒。村落里无处找酒,何文渊提议:"用醋代酒也可以。"虞原璩于是拿出一瓶新醋,一边喝一边谈。时人称两人是"醋交"。"醋交"的故事,说明相逢不饮,实在难过,醋也可代酒助兴。

二五

红粉佳人休便老^①,风流浪子莫教贫^②。

【注释】

①红粉佳人:指年轻美丽的女子。红粉,女子化妆用的胭脂水粉。休:不要。

②风流浪子:风流倜傥的人。莫:不要。

【译文】

年轻美丽的女子啊,不要让她老去;风流倜傥的浪子啊,不要教他变得贫穷。

【点评】

这两句表达了对美好事物的珍惜之情。

红粉佳人如果老了就不美了,人生只落得繁华过后的寂寞。所谓美人迟暮、令人惋叹;风流浪子如果变得贫穷了,也就无法意气风发了。这都是人生的悲事。所以,作者期盼红粉佳人永远青春靓丽,风流浪子永远富足潇洒。然而,岁月无情、世事无常,谁也不能保此长久。因此,珍惜青春时光,才能在年老时不后悔,不虚度人生。

张潮在《幽梦影》中说:"若无花月美人,不愿生此世界。""无才子佳人则已,有则必当爱慕怜惜。"表达了对于佳人和美景的无限爱怜。

二六

在家不会迎宾客,出路方知少主人。

【译文】

在家里不会热情地接待宾客,出门在外时才发现没有人招待自己。

【点评】

此则讲待客之道，也是做人之道。

中国是一个礼仪之邦，自古就特别重视待客之道。《礼记·曲礼上》讲到很多待客的礼仪。比如"凡与客人入者，每门让于客。客至于寝门，则主人请入为席，然后出迎客，客固辞，主人肃客而入"，等等。

这一则通过外出做客受到冷遇来劝人学会热情待客，其实是在讲"礼尚往来"的做人之道。"投我以木桃，报之以琼瑶。匪报也，永以为好也"。人们"投桃报李"，最终是为了美好的情谊。

二七

黄金无假，阿魏无真^①。

【注释】

①阿魏无真：《本草纲目（金陵本）》第三十四卷木部："谚云：黄芩无假，阿魏无真。以其多伪也。"《本草乘雅半偈》中还给出了验证阿魏真伪的办法："谚云，阿魏无真，言多伪也。雷公验法有三：一以半铢置熟铜器中，经宿着处永如银色；一以一铢入五斗草自然汁内，次早尽作鲜血色；一以一铢致柚子树上，其树立干。"明谢肇淛《五杂俎》对"阿魏无真"作了解释："俗云：'黄金无假，阿魏无真。'阿魏生西域中，一名合昔泥。其树有汁，沾物即化，人多牵羊、豕之类系树下，遥以物撼其树汁，落则羊、豕皆成阿魏矣。树上之汁终不可得，故云无真也。"阿魏，一种药名，多年生草木植物，产于西域，一名合昔泥。相传其味辛平无毒，能除邪解毒，且其气极臭而能止臭。由于极其珍贵、极少真品，所以说"阿魏无真"。

【译文】

黄金是货真价实的东西，而阿魏这种药却没有正宗的真货。

【点评】

这两句可以看出人们的"趋利性"。

"黄金无假",有的解释为因为黄金流通较广,人们都认识,所以不容易造假。而据《本草纲目》记载,"谚云:黄芩无假,阿魏无真。以其多伪也。"由此可以推断"黄金无假"应为"黄芩无假"之误。黄芩与阿魏都是中药材的名字,在语意上正好相对。黄芩遍地都是,非常普遍,所以没必要拿来造假。而阿魏是一种名贵的中药,由于产于西域,非常稀有,再加上多数人没见过,所以很容易被造假。

黄芩不造假,是因为无利可图;阿魏造假,是因为有利可赚。正如司马迁在《史记·货殖列传》中所言:"天下熙熙,皆为利来;天下攘攘,皆为利往。"这种在药材中掺假的行为,对消费者造成了危害,是一种非常不道德的行为,应该受到严厉地谴责和惩罚。

二八

客来主不顾^①,应恐是痴人。

【注释】

①顾:照顾,此指招待。

【译文】

客人来了,主人却不招待,这样的人应该是个不聪明的人。

【点评】

本则在讲待客之道。可作两种理解:

一为主人"应恐是痴人"。客人来了,主人应该热情招待,否则就是失礼了。失礼的行为是不通事理的愚蠢人才做的事情,正如前文所说:"在家不会迎宾客,出路方知少主人。"所以说这样的主人"应恐是痴人"。

一为客人"应恐是痴人"。常言道:什么人什么待,什么客什么菜。

主人待客,常以客人的身份、地位而决定如何招待、上何种菜。现在客人来了,主人却不招待,所以推测"应恐是痴人"。对痴傻之人,招待得如何,他也不知道;即使他出去乱说,别人也未必相信,所以主人就不招待了。从中也可以看出人情冷暖,人性阴暗。

二九

贫居闹市无人识,富在深山有远亲①。

【注释】

①"贫居闹市无人识"二句:明沈采《千金记》第三出《省女》:"(生)子母相逢慰别情。(小生)一团和气笑欣欣。(旦)贫居闹市无人问。(合)富在深山有远亲。"

【译文】

贫穷了,即使居住于闹市之中,也不会有人结识;富贵了,即便住在深山老林,也会有远房亲戚来拜访。

【点评】

这一则在说人情冷暖,点明世人"嫌贫爱富"的功利之心。

身处闹市"门可罗雀",只是因为贫穷,人们远远躲避;住在深山却"门庭若市",只是因为富贵,人们紧紧跟随。由此可见,人情的冷暖,不在个人的品行,而在其地位的高低、经济的贫富。

这里的"富"也指精神的富足。比如《南史·隐逸传》记载的陶弘景,他是南朝齐梁人,三十多岁时,辞去朝廷食禄,隐居茅山。梁武帝与陶弘景有旧交,即位后多次写信遣使问候陶弘景,招他出来做官,陶弘景坚持不肯出山。但朝廷每有大事,武帝都派人到茅山向他咨询,一月之内常有数次遣使,故时人称之为"山中宰相"。这也算是"富在深山有远亲"的例证吧。

三〇

谁人背后无人说①，那个人前不说人②。

【注释】

①谁人：哪一个人。说：议论。

②那：同"哪"。

【译文】

谁的背后没有人在议论他？哪一个人不在别人面前议论其他人呢？

【点评】

这一则是说每个人都爱议论他人，这几乎是人性的弱点。

每一个人都处在"说别人"与"被人说"的生存境遇中，概不能逃。既然如此，对于不可控的事情，只能学会释然。一方面，"世上本无事，庸人自扰之"；另一方面，我们还是应该严于律己，管住自己的嘴，牢记"祸从口出""静坐常思己过，闲谈莫论人非"。

三一

有钱道真语，无钱语不真。不信但看筵中酒①，杯杯先劝有钱人。

【注释】

①但：只要。筵：古代铺在地上供人坐的垫底的竹席，此处指酒宴。

【译文】

有钱的人说的话都是真理，没钱的人说的话都是假话。如果不信，你就看看筵席上的酒，一杯一杯都是先敬有钱人的。

【点评】

这则揭示了金钱至上的功利观,揭示了金钱与人的话语权之间的关系。

这几句充分反映了金钱在人际交往中所具有的"魔力作用"。这种见钱说话的交往,不是一种真正意义上的人际交往,而是一种利益的交换,不值得提倡。

本则还有一种理解:有钱就可以获得有价值的信息,没钱便得不到别人的真言,别人不会把有价值的信息吐露出来。这就揭示了金钱与信息获取之间的关系。可见,金钱使人不再保守秘密,这大概也是"有钱能使鬼推磨"吧。

三二

闹里有钱①,静处安身。

【注释】

①闹:闹市,人多的地方。

【译文】

在繁华热闹的地方,比较容易赚到钱;在偏僻幽静的地方,比较适宜安定下来生活。

【点评】

这则告诉人们:做不同的事情,要选择不同的地方。

只有选对了地方,才能把想做的事情做好。闹里有钱,是因为人多,需求也多,人们之间的交易就会比较频繁,钱赚起来就比较容易。静处安身,是因为人少,烦扰也少,环境适宜,可以使身心都得到放松。

当然,只要有一颗淡泊宁静的心,无论在哪里都可以安放我们的身心。正如陶渊明在《饮酒》中所言:"结庐在人境,而无车马喧。问君何能尔,心远地自偏。"苏东坡在《定风波·南海归赠王定国侍人寓娘》中也说:"试问岭南应不好。却道,此心安处是吾乡。"

三三

来如风雨,去似微尘①。

【注释】

①微尘:细微的尘埃。

【译文】

来势像暴风骤雨一般声势浩大,去势就像微小尘埃一样无声无息。

【点评】

这则形容来势和去势的不同。

一种说法认为,人活着的时候,要如疾风暴雨般轰轰烈烈;死去的时候,当如微尘般归于沉寂。这就是"生如夏花之灿烂,死如秋叶之静美"。也如金庸所言:"人生就该大闹一场,悄然离去。""大闹一场"是"来如风雨","悄然离去"是"去似微尘"。这是一种人生追求与人生态度。

还有一种说法认为,人在成名得势时,名噪一时,呼风唤雨;丢名失势时,像微尘一般,一钱不值。这反映出得势与失势的巨大落差。

该句还可类推到其他情境中,如战争中,攻击时如暴风雨般猛烈,撤退时如细小的微尘无声无息。也可从事物发展的角度来理解此句:事物的发展都有一个生、老、病、死的过程。在起始与发展壮大阶段,都是充满了力量,就如暴风骤雨一般。但在经历了青壮、繁华之后,势力就会逐渐消退直至结束,那时的力量就微乎其微了。既然事物发展的规律如此,那么在开始阶段,就要顺势而为,奋发向上;在收尾阶段,则及时退出,默然走开。

不论哪种情境,这句话都表明了前后的两种状态:开始时,雷霆万钩；结束时，归于沉寂。历史上有很多功成身退的人物，如张良、范蠡等人，都是做一番轰轰烈烈的事业，功成之后，隐迹江湖。这也是"来如风雨，去似微尘"的表现。

三四

长江后浪催前浪，世上新人趱旧人①。

【注释】

① "长江后浪催前浪"二句：宋丘浚《孙氏记》："默不久赴官，意尤未已，乃为柬别孙曰：'我闻古人之诗曰："长江后浪催前浪，浮世新人换旧人。"是老当先寝也，我愿终身不娶，以待之耳。'孙得柬，感默之意，为缄谢绝曰：'愧感深诚，早晚疾听。君子启行，无缘叙别。破囊久空，不能为赆，空自悚愧。承谕雅意，安可预道？无妄之言，未敢奉许。'"趱（zǎn），赶超。

【译文】

长江后面的浪流催滚着前面的浪流，世界上的年轻人赶超着年长的人。

【点评】

本则说"更替"，常用来比喻更有能力的新人胜过旧人，或更有生命力的新生事物胜过旧事物。

清代赵翼的"江山代有才人出，各领风骚数百年"，与此句意相近。生生不息，新老更替，是自然界的规律。"一代新人换旧人""一代更比一代强"是社会发展的规律，是后浪就要乘风破浪，勇往直前，这样社会才能进步；是前浪就要顺势而为，平稳过渡，这样社会才能和谐。

三五

近水楼台先得月，向阳花木早逢春①。

【注释】

①"近水楼台先得月"二句：宋俞文豹《清夜录》："范文正公镇钱塘，兵官皆被荐，独巡检苏麟不见录。乃献诗云：'近水楼台先得月，向阳花木易为春。'公即荐之。"逢，迎接。

【译文】

靠近水边的楼台，因为没有树木的遮挡，可以最先得到月光的照耀；迎着阳光的花草树木，光照自然好，发芽就早。

【点评】

此则讲占据有利位置的重要性。

这两句最早见于苏麟的诗句。相传，范仲淹任杭州知府时，城中文武官员大多得到过他的推荐。唯有苏麟因在外县担任"巡检"，没有得到提拔。苏麟于是以献诗的方式委婉地表达了自己也想被推举的想法。全诗已失传，只有"近水楼台先得月，向阳花木易为春"流传下来。范仲淹看后心领神会，便给予了举荐。后来，人们常以"近水楼台先得月"或"近水楼台"作为因关系亲近而易于获得方便的意思。在流传中，"早逢春"也常常写作"易为春"。

无论"近水楼台"，还是"向阳花木"，都以其地利而得先机；不论是事物的发展还是人的发展，占据有利的位置都是很重要的。

当然，"近水楼台"在后来的发展过程中有了些贬义，往往用来讽刺那种利用某种方便而获得照顾、率先得利的情况。

三六

古人不见今时月，今月曾经照古人①。

【注释】

①"古人不见今时月"二句：唐李白《把酒问月》："今人不见古时月，今月曾经照古人。古人今人若流水，共看明月皆如此。唯愿当歌对酒时，月光长照金樽里。"

【译文】

古代的人们不能见到今天的月亮，而今天的月亮却曾经照亮过古代的人们。

【点评】

本则感慨时光永恒，而人生短暂。

当空皓月照耀着我们，也照亮过古人，而古人早已远去，不禁让人对月感叹：明月长久，而人生短暂。"年年岁岁花相似，岁岁年年人不同。"今天的人，在吟赏月光中，要体悟到生命的可贵，从而把握有限的生命，活出精彩的人生。

三七

先到为君①，后到为臣②。

【注释】

①君：君主，古代国家的统治者。
②臣：臣子。也包括普通民众。

【译文】

抢先一步能当君王，后到一步只能称臣。

【点评】

本则讲"先机"。

俗话说：早起的鸟儿有虫吃。不仅自然规律如此，社会规律也是如此。传说，明武宗朱厚照死时没有留下子嗣，为了保证明朝大权不旁落，张太后与内阁首辅杨廷和定下计策，下密诏给三位朱姓王爷，令其返京吊唁，并约定："先到为君，后到为臣。"朱厚熜所在的兴王府离京最远，为了抢得时间，幕僚严嵩献策，朱厚熜假扮钦犯，坐着囚车，日夜兼程赶到了京城。这个计策成功蒙骗了另两个亲王，朱厚熜第一个赶到登基，是为嘉靖皇帝，另两个亲王只能俯首称臣。

事情讲究"先来后到"，谁占得先机，谁就胜券在握。走在对手面前，才能占得先机，最终才能取得胜利。

三八

莫道君行早，更有早行人①。

【注释】

①"莫道君行早"二句：宋释道原《景德传灯录·福州永隆院瀛和尚明慧禅师》："师上堂曰：'谓言侵早起，更有夜行人。似即似，是即不是。珍重！'"

【译文】

别说你出发很早，还有比你更早的人。

【点评】

此则讲做人不可盲目自信，要谦虚谨慎。

很多时候，人会自以为是，认为自己比别人做得更好。其实，山外有山，人外有人。不比较，少说话，快走路，才是正事。

这两句也可以当作激励人奋进之语看。也多指某些事情已被别人抢先下手,抢得先机。俗话说:"早起三光,晚起三慌。"一日之计在于晨,早起可以从容做事,不慌不忙。毛泽东《清平乐·会昌》云:"东方欲晓,莫道君行早。踏遍青山人未老,风景这边独好。"

三九

莫信直中直①,须防仁不仁②。山中有直树,世上无直人。

【注释】

①直中直:吹嘘自己正直的人会真的正直。

②仁不仁:自我标榜仁义的不仁之人。

【译文】

不要相信那些吹嘘自己正直的人会真的正直,更要提防那些自我标榜仁义的人。山中有笔直的树,世上没有真正正直无私的人。

【点评】

本则对人充满了强烈的防御心理。

人性是复杂的。正直的人可能也会做出不正直的事,仁义的人可能也会做出不仁义的事。俗话说:"害人之心不可有,防人之心不可无。"因此,不能一味地相信他们因长期正直或仁义所积累下来的信誉。从这个角度讲,提防他人是有道理的。但过度谨慎,疑心太重,则世上无可信赖之人,人生岂不也是一种沉重的负担?

说"世上无直人"也是偏颇的,世上还是有很多正直之士的。据《左传·襄公二十五年》载,春秋时期,齐庄公与右卿崔杼的夫人棠姜私通。崔杼得知后,设计杀死了他。崔杼这样做是犯了弑君之罪,但因庄公有错在先,崔杼又大权在握,人们也奈何不了他。负责"信史"的太史记载道:"崔杼弑其君。"崔杼就杀了太史。太史的两个弟弟接着也这样记录,也接连被崔杼杀害。太史的另一个弟弟前仆后继,仍然这样秉笔直书。崔杼无奈，只好放过了他。另一位史官南史氏听闻太史都被杀死了，带着写好同样内容的竹简前去接任。路上听说已经如实记载了，才原路返回。齐国的五位史官都忠于职守，宁死不屈、秉笔直书，真是"世上有直人"啊。

四〇

自恨枝无叶，莫怨太阳偏。

【译文】

应该遗憾自己的枝条上没有长出叶子，而不要埋怨太阳照射得偏斜。

【点评】

本则讲人应有自省精神，不能一味抱怨外物。

有些人常常怨天尤人，从不反思自己的缺点。如"力拔山兮气盖世"的西楚霸王项羽，直到临死，还未找到自己失败的根本原因，只是归咎于"天亡我，非战之罪"，自认为无颜见江东父老，感叹"时不利"而羞愤自杀，而没有意识到是自己的刚愎自用和匹夫之勇害了自己。

人要有自省精神，出现问题时，应多从自身找原因、挖根源，少向外面寻理由、找借口。只有解决了自身存在的问题，才能使事情得到根本解决。唐代诗人杜牧在《题乌江亭》中含蓄地批评了项羽的缺点："胜败兵家事不期，包羞忍耻是男儿。江东子弟多才俊，卷土重来未可知。"内因决定外因，内因不改变，事情仍难办。

四一

大家都是命①，半点不由人。

【注释】

①命：命运。迷信认为人生来就注定的贫富、寿数等。

【译文】

每个人的一切都是由命来决定的，一星半点也由不得个人掌握。

【点评】

这是古人的"宿命论"，认为人的一切都是先天决定的，人无法改变自己的命运。

这种观点是错误的，它没有揭示命运的真正秘密。人的命运掌握在自己手中，而不是上天赋予的。即使天生有所缺陷、有所限制，人也可以通过后天的努力改变命运。事在人为，我命由我不由天。人生是由自己的努力创造出来的，能够掌握命运的那个人就是你自己。

四二

一年之计在于春①，一日之计在于寅②。一家之计在于和③，一生之计在于勤。

【注释】

①计：打算，计划。

②寅：古代以十二地支计时，将一天分为子、丑、寅、卯、辰、巳、午、未、申、酉、戌、亥十二个时辰，一个时辰相当于现在的两个小时。寅时相当于现在凌晨3～5点，这里指早晨。

③和：和睦，团结。

【译文】

一年的打算在春天，一天的打算在早晨。一家的打算在于和睦，一生的打算在于勤奋。

【点评】

这几句是说做事要正当其时,早做打算。

大至一年的计划,小至一日的打算,都要安排在恰当的时间里来处理。

"家和万事兴"。家庭和睦,则家运兴隆;家庭不和,则会陷入"父子成仇""夫妻反目"的境地,鸡犬不得安宁。

"勤"是人生之本。被称为"半个圣人"的曾国藩,始终把"勤"作为座右铭:"勤字功夫,第一贵早起,第二贵有恒。"欧阳修在《归田录》中说:"余平生所作文章,多在'三上',乃马上、枕上、厕上也。"只有勤奋,才能源源不断地积累财富,增长才干。"天道酬勤""一勤天下无难事"。

四三

责人之心责己,恕己之心恕人①。

【注释】

①"责人之心责己"二句:《宋史·范仲淹传》:"纯仁性夷易宽简,不以声色加人,谊之所在,则挺然不少屈。自为布衣至宰相,廉俭如一,所得奉赐,皆以广义庄;前后任子恩,多先疏族。没之日,幼子、五孙犹未官。尝曰:'吾平生所学,得之忠恕二字,一生用不尽。以至立朝事君,接待僚友,亲睦宗族,未尝须臾离此也。'每戒子弟曰:'人虽至愚,责人则明;虽有聪明,恕己则昏。苟能以责人之心责己,恕己之心恕人,不患不至圣贤地位也。'"责,责备,要求。恕,宽恕,原谅。

【译文】

用责备别人的心来责备自己,用宽恕自己的心来宽恕他人。

【点评】

这两句话是儒家"恕道"思想的体现,即严于律己,宽以待人。

《训俗遗规》中有一句十分相似的话：“待己者，当于无过中求有过；待人者，当于有过中求无过。”

据《后汉书·刘宽传》载，东汉大臣刘宽性情宽厚，平易近人。他的夫人想试试怎样才能让他发怒，于是在他穿好朝服即将上朝时，让一个婢女去送肉羹，故意打翻羹碗，将汤汁洒到刘宽身上，弄脏了朝服。婢女赶紧收拾羹碗，刘宽竟然神色不动丝毫，反而慢慢地问婢女：“羹烫到你的手了吧？”由于他的性情如此温厚，被称为长者。

四四

守口如瓶，防意如城^①。

【注释】

①“守口如瓶”二句：宋晁说之《晁氏客语》：“刘器之云：富郑公年八十，书座屏云：‘守口如瓶，防意如城。’”如瓶，好像瓶口加盖。如城，好像守城防敌。

【译文】

严守秘密，要像瓶子加盖一样封得严实；坚定意志，要像守城防敌一样不可懈怠。

【点评】

这一则是谨慎思想的反映，也是修身处世的法则。

为了少惹事端，要严把口风，守口如瓶，以谨防不测。这种谨慎、防患于未然的思想对人的自我保护有积极作用，但也要注意不能过度防范。疑神疑鬼，可能会带来沉重的思想负担，滋生许多无谓的忧虑，人生过得不堪重负。

对于别人的秘密，要做到守口如瓶，不能做搬弄是非的小人，正如本书另一则所言：“来说是非者，便是是非人。”对于自己要做的事，要坚定意志,自我鞭策,保持向上的力量,不轻言放弃。

四五

宁可负我,切莫负人①。

【注释】

①"宁可负我"二句:《晋书·沮渠蒙逊载记》:"会伯父罗仇、麹粥从吕光征河南,光前军大败,麹粥言于兄罗仇曰:'主上荒耄骄纵,诸子朋党相倾,逸人侧目。今军败将死,正是智勇见猜之日,可不惧乎! 吾兄弟素为所惮,与其经死沟渎,岂若勒众向西平,出茗藿,奋臂大呼,凉州不足定也。'罗仇曰:'理如汝言,但吾家累世忠孝,为一方所归,宁人负我,无我负人。'俄而皆为光所杀。"负,辜负,对不起。

【译文】

宁可别人辜负了自己,也决不让自己辜负了别人。

【点评】

这两句讲为人处世的美好品行,表现出一种宅心仁厚的高尚情怀。

宁肯自己吃亏,也要对得起别人,如果每个人都有这种"切莫负人"的思想和行为,人与人之间的纠纷会大大减少,很多社会问题也迎刃而解了。

看到此句,便会想到曹操的"宁我负人,毋人负我"。曹操为避董卓追杀之难,绕小道逃归乡里,途中投宿故人吕伯奢家。"太祖闻其食器声,以为图己,遂夜杀之。既而凄怆曰:'宁我负人,毋人负我!'遂行。"曹操的残暴令人咋舌。事后,他明知铸成大错,愧疚难当,也只能以"宁我负人,毋人负我"来自我麻醉。

四六

再三须重事^①,第一莫欺心^②。

【注释】

①再三:反复。重事:慎重对待事情。一作"慎意"。

②欺心:欺骗自己。

【译文】

做事必须要反复考虑,慎重对待,不可掉以轻心,但首要的是不要欺骗自己的良心。

【点评】

这则是说做事最重要的在于问心无愧。

做事情须谨慎,就要思虑再三,而思虑中首要解决的就是"正心"问题,即不要做昧心事,要做能够使自己心安理得的事。正心诚意是儒家所倡导的一种修养境界,是为人处世的根本。《礼记·大学》云:"欲修其身者,先正其心;欲正其心者,先诚其意;欲诚其意者,先致其知;致知在格物。"只有端正心性,心意真诚,才能实现齐家、治国、平天下的道德理想。

四七

虎生犹可近^①,人熟不堪亲^②。

【注释】

①生:生猛。犹:还,尚且。近:靠近,接近。

②堪:能够。亲:亲近。

【译文】

老虎虽然生猛，还可以靠近；人若是熟悉了，却不能够亲近。

【点评】

本则讲人性的阴暗面。

老虎虽然生猛，未必会主动害人；有些人熟悉了，却比老虎更可怕。中国自古是一个熟人社会。有句俗语叫"人熟为宝"，大概是人与人之间彼此了解多了，便会产生信任，这也是"熟人好办事"的道理。但与此同时，也有"杀熟"一说，杀熟的危险性更高，隐蔽性更强。当人们利欲熏心时，会处心积虑地从熟人开始算计，甚至为了争夺利益会谋财害命，这些都是可怕的事情，必须要有提防。

四八

来说是非者，便是是非人^①。

【注释】

①"来说是非者"二句：《全宋诗》释师观《颂古三十三首》："来说是非者，便是是非人。诚哉是言也，弄物不知名。"

【译文】

前来议论别人是非的人，他本身就是一个搬弄是非的人。

【点评】

本则旨在告诫人们不可搬弄是非。

是非是个漩涡，掉进去就很难出来，给人生带来很多的消耗。对于是非一定要远远躲避，而且不可挑拨是非，也不能搬弄是非。不信谣不传谣。

四九

远水难救近火^①，远亲不如近邻^②。

【注释】

①远水难救近火:《韩非子·说林上》:"鲁穆公使众公子或宦于晋,或宦于荆。犁钽曰:'假人于越而救溺子,越人虽善游,子必不生矣。失火而取水于海,海水虽多,火必不灭矣,远水不救近火也。今晋与荆虽强,而齐近,鲁患其不救乎?'"

②远亲不如近邻:《五灯会元·虎丘元净禅师》:"僧问:'如何是到家一句?'师曰:'坐观成败。'问:'不与万法为侣者是甚么人?'师曰:'远亲不如近邻。'"远亲,指远方的亲戚。

【译文】

远处的水救不了近处的火,关系再好的远方亲戚也不如住在近处的邻居。

【点评】

本则旨在"睦邻",也比喻缓慢的救助不能解决眼前的急难。

邻里关系是一种重要的人际关系。《论语·里仁》说:"德不孤,必有邻。"与远方亲戚的相处是暂时的,与近处邻居的相处是长期的。与近邻友好相处,在日常生活中可以彼此关照,在危急时刻可以互相求助。可以说,邻居对于人生的幸福指数来说是非常重要的。

其实,不仅邻里关系如此,朋友关系、同事关系等生活中的各种关系都当重视,都要妥善处理好,生活才能更美好,更幸福。

五〇

有茶有肉多兄弟,急难何曾见一人①。人情似纸张张薄,世事如棋局局新②。

【注释】

①急难:突发的危难。

②"人情似纸张张薄"二句：宋杨万里《诚斋诗话》："士大夫间有口
传一两联可喜，而莫知其所本者。如：'人情似纸番番薄，世事如
棋局局新。'又：'饱谙世事慵开眼，会尽人情只点头。'又：'薄有
田园归去好，苦无官况莫来休。'"

【译文】

有茶有肉的时候，曾有许多称兄道弟的朋友；遭遇危难的时候，却找
不见一个人。人与人之间的情意，就像白纸一样，一张张都是薄的；人世
间的事情，就像下棋一样，每一局都在不断翻新。

【点评】

这几句讲"人情冷暖，世态炎凉"。

把有茶有肉与急难求助时人的表现两相对照，就知道世上有许多势
利小人。他们是有利而来，无利则去，可以同富贵，而不能共患难。结交
这样吃吃喝喝而不能真心相助的朋友，其实是没有益处的。所以，古人
强调要谨慎择友而交，《荀子·大略》有言："匹夫不可以不慎取友。友
者，所以相有也。……取友善人，不可不慎，是德之基也。"那些可与自
己同甘共苦的人才是真朋友。

人情似纸薄，让人感受到世态炎凉；世事如棋局，让人觉察到世事多
变。这些都是人类社会发展中存在的客观现象，不以人的意志为转移。
既然如此，那么就不必对世态炎凉耿耿于怀，不必对世事多变感到惧怕，
坦然面对，无须悲叹。

五一

山中也有千年树①，世上难逢百岁人。

【注释】

①千年树：生长千年的古树。《全唐诗补编》："上有千年树，下有百
年人。"据考证，这两句见于唐代长沙铜官窑上的诗文。

【译文】

山中生长有上千年的树木,世间却难以遇到活过一百岁的人。

【点评】

本则感叹人生有限,难过百岁。

"人生七十古来稀。"虽然今天生活条件好了,人的寿命比古代普遍长了,但活过百岁的仍然是少数。"光阴可惜,譬诸流水。"既然人生苦短,如水流逝,就应该珍惜时间,把握当下,而不必"人生不满百,常怀千岁忧"。

五二

力微休负重,言轻莫劝人①。无钱休入众,遭难莫寻亲。

【注释】

①言轻:说话没有分量。《后汉书·孟尝传》:"桓帝时,尚书同郡杨乔上书荐尝曰:'臣前后七表言故合浦太守孟尝,而身轻言微,终不蒙察。区区破心,徒然而已。'"宋苏轼《上执政乞度牒赈济因修廨宇书》:"轼已三奏其事,至今未报。盖人微言轻,理自当尔。"

【译文】

力量弱小就不要去背负沉重的东西,说话没有分量就不要去劝说别人。没有钱就不要到人多的地方去,遭遇急难的事情不要去求助于亲戚。

【点评】

此则言人要有自知之明。

自知之明是为人处世的基础与前提。力弱负重,会伤及自己的身体;言轻劝人,不仅无效,反而会自取其辱。劝说别人,有两个条件:一是说得正确有理,二是有权威。同样一句正确的话,一般人说出来别人不一定相信,但权威人物说,大家就容易相信,就是这个道理。所以,说服力并不仅取决于道理本身,还取决于说话人的权势地位。

无钱入众,往往会导致自身处境的尴尬;遭难寻亲,可能会致使亲戚关系更为僵化。

当然,这几句主要是强调人要准确地认识自己,懂得量力而行,明白"求人不如求己",奋力自救。而在遇到困难时,还是应该及时寻求帮助的。无论是不是亲戚,都要积极求助。

五三

平生莫作皱眉事,世上应无切齿人①。

【注释】

① "平生莫作皱眉事"二句:宋邵雍《伊川击壤集·诏三下答乡人不起之意》:"生平不作皱眉事,天下应无切齿人。断送落花安用雨,装添旧物岂须春。幸逢尧舜为真主,且放巢由作外臣。六十病夫宜揣分,监司无用苦开陈。"皱眉事,令人不高兴的事。切齿,咬牙切齿。

【译文】

一生不做令人不愉快的事情,世界上就不会有恨你恨得咬牙切齿的人。

【点评】

此则劝人不要做对不起别人的事情,否则会遭到他人的痛恨与陷害。

邵雍,字尧夫,是北宋著名理学家。一生严于律己、品德高尚。据《诗人玉屑》云:"邵尧夫居洛四十年,安贫乐道,自云未尝皱眉,故诗云:'平生不作皱眉事,天下应无切齿人。'所居寝息处为安乐窝,自号安乐先生,其西为瓮牖,读书燕居其下,旦则焚香独坐,晡时饮酒三四瓯,微醺便止,不使至醉也。"《诗人玉屑》还记载,邵雍每次外出,"随意所之,遇主人喜客则留三五宿,又之一家,亦如之,或经月忘返"。虽性情高洁,但待人接物,无论贵贱高下、贤或不贤,"皆欢然相亲"。

五四

士者国之宝,儒为席上珍①。

【注释】

①"士者国之宝"二句:宋汪洙《神童诗》:"学乃身之宝,儒为席上珍;君看为宰相,必用读书人。"士,指德才兼备的人。儒,儒家学者,指读书人。席,筵席。珍,美味的食物。

【译文】

德才兼备的人才是国家的珍宝,读书人如同筵席上的珍馐美味。

【点评】

本则表现出作者对德才兼备的儒士的尊重。

国家的发展离不开有知识有文化、德才兼备的人才。只有尊重知识、尊重人才,国家才能更好地发展。同时,每个人都应该不断读书学习,提高自身修养,努力使自己成为对国家和社会发展有用的栋梁之材。

"儒为席上珍"的说法最早见于《礼记》:有一次,哀公命人设席,孔子陪侍,曰:"儒有席上之珍以待聘,夙夜强学以待问,怀忠信以待举,力行以待取。其自立有如此者。"儒者有如筵席上的珍宝,等待诸侯的聘用;早晚努力学习,等待别人的询问;心怀忠信,等待别人的举荐;身体力行,等待别人的取用。儒者的自立大概如此。

五五

若要断酒法,醒眼看醉人①。

【注释】

①"若要断酒法"二句：胡祖德《沪谚》卷上："谚：'若要断酒法，醒眼看醉人。'断酒，戒断饮酒也。"也作"若要不喝酒，醒眼看醉人"。

【译文】

如果想要找到一种戒酒的方法，只需让他清醒时看看醉酒者的丑态就可以了。

【点评】

本则旨在劝人"戒酒"。

饮酒者要认识到酗酒、醉酒的危害，从而主动抵制饮酒，这是戒酒的根本办法。当他在清醒时，看喝醉酒的人的窘境和丑态，从中反思到自己醉酒时的状态，便会下决心戒酒了。

古人早就认识到过度饮酒的危害，不仅会使个人受害，而且可能会影响到国家的生死存亡。《韩非子·说林上》云："常酒者，天子失天下，匹夫失其身。"《尚书·酒诰》一篇，同样把过度饮酒的危害提升到国家存亡的高度来认识。今天对公职人员也有相关戒酒的禁令，这是十分必要的。

五六

求人须求英雄汉①，济人须济急时无②。渴时一滴如甘露，醉后添杯不如无③。

【注释】

①英雄汉：有志气、有节操、有作为的男子。一作"大丈夫"。

②济：帮助。

③醉后添杯不如无：《五灯会元》："俗士问：'如何是佛？'师曰：'着衣吃饭量家道。'曰：'怎么则退身三步，叉手当胸去也。'师曰：'醉后添杯不如无。'"

【译文】

求人帮助时，一定要求真正的男子汉；接济别人时，一定要接济急需帮助的人。干渴的时候，一滴水也像甘露般甜美；喝醉酒之后，再给他添杯还不如不添。

【点评】

本则说求人要找对人，助人要看情况。

求人要看对象。若求小人，容易被他百般刁难，敲诈勒索，未必成事，甚至误事。若求大丈夫，他能仗义办事，慷慨解囊，才可能成事。可见，找对人才能办成事。

助人要看实际情况。俗语云"救急不救贫"，当在他人急难时，及时出手相助，解人燃眉之急，那就是雪中送炭。比如人在口渴的时候，得到一滴水，都会感到甘美无比；而醉后再添杯，那是让人醉上加醉，其实是添乱，也是害人。

《史记·魏公子列传》载，战国时期，信陵君魏无忌听说屠户朱亥是个贤者，多次请他相助，朱亥都不为所动。后来，秦军围攻赵国邯郸，赵国向信陵君求救，信陵君求朱亥帮忙，再次去请他。朱亥说："臣乃市井鼓刀屠者，而公子亲数存之，所以不报谢者，以为小礼无所用。今公子有急，此乃臣效命之秋也。"于是跟随信陵君而去。朱亥对信陵君平时的邀请不表感谢，但在他真正急需时却挺身而出，全力相助，可谓"济人须济急时无"。

五七

久住令人贱[①]，贫来亲也疏[②]。

【注释】

①贱：被看轻。一作"嫌"。

②贫：一作"频"，频繁。

【译文】

在别人家住久了，就会让人轻视；贫穷的时候，即使很亲近的人也会变得疏远。

【点评】

本则是说人与人之间的交往要把握一定的度，过犹不及。

到亲戚朋友家久住，必然会给主人添加麻烦，增加负担。主人即使嘴上不说，在心里也会讨厌他不懂人情世故。有句俗语叫"客走主人安"，所以，有自知之明的人，小住之后就应该知趣地离开了。

"贫来亲也疏"与"贫居闹市无人问"意思相近，贫穷会使物质条件受到约束，与他人的交往也必然受到限制。所以，贫困之家，一般也门可罗雀。这句话有版本也作"频来亲也疏"，如此似乎与前一句"久住令人贱"在句式和语意上都更为搭配。"频来"与"久住"的道理相通，距离产生美，过于频繁的来往，本来亲密的关系也会疏远了。这都是在讲"度"，在讲"过犹不及"。从大的方面来说，这都是"中庸"之道具体而微的体现。

五八

酒中不语真君子①，财上分明大丈夫。

【注释】

①不语：不胡言乱语，说一些不合宜的话。

【译文】

饮酒时不胡言乱语才是真正的君子，钱财上清清楚楚才是真正的男子汉。

【点评】

本则讲细微之处才能分辨出人真正的品质。

饮酒时不胡言乱语，才不会无意之中说出不恰当的话语或泄露秘密，从而保持君子本色。人与人之间不愉快，很多是因为钱财而起，比如分账不均、赖账等。财上分明，既不占他人便宜也不吃亏，让大家保持一种公平的状态，使大家都没有怨言，从而妥帖地处理好人际关系。否则，就容易出现纠纷。多少人因为账目不清，反目成仇。常言道："亲兄弟，明算账"，"账目清，好弟兄"。这些都说明"财上分明"在处理人际关系中的重要性。

总之，能做到"酒中不语"与"财上分明"，都可以称得上品德高尚、明白事理的人。

五九

出家如初①，成佛有余②。

【注释】

①出家：佛教指脱离家庭到寺院当僧尼。

②佛：梵语"佛陀"的略称。对佛教创始人释迦牟尼的简称，也是对修行圆满的佛教徒的称呼。

【译文】

如能像刚出家时那样保持虔诚的心，那么成佛就很容易了。

【点评】

本则教人坚守初心。

成佛是出家人追求的最终目标，佛教徒在出家之时都抱有一份虔诚的初心。但从初心到成佛之间有漫长的修行之路要走，这期间充满着各种诱惑和困难障碍。如果不能抵制诱惑，破除障碍，最终是成不了佛的。

只有坚守初心，精进修行，勇往直前，方可成佛。《西游记》中，唐僧西天取经，一路上历经九九八十一难，遭遇了权力、美色、钱财等种种诱惑和生死考验，但他始终坚守西天取经的初心，最终才取得真经，修成正果。

佛家修行如此，普通人做事也需要坚守初心。在确定人生目标后，就要从初心出发，持之以恒地坚定前行。《诗经·大雅·荡》云："靡不有初，鲜克有终。"意思是说，凡事都有个开始，但很少有人能坚持到底。这种情况是要引以为戒的。

六〇

积金千两，不如明解经书①。

【注释】

①经书：代指儒家经典，包括"四书五经"等。

【译文】

积累千两黄金，不如好好解读经书。

【点评】

此则讲读书比积累财富重要。

在中国古代，读书参加科举考试，才能为官一方，才能出人头地，光宗耀祖。即使经商赚取很多钱，其社会地位也还是比较低。所以，人们还是希望能够通过读书做官来提高整个家庭的社会地位。

孟子云："尽信书，则不如无书。"读书最重要的是读懂领悟书中内容，只有真正明白理解了，才能学以致用。

在《曾国藩家训》中，对于孩子如何读书，曾国藩有很多规划和方法，最重要的就是要深入理解。比如他告诉孩子读书需要深入涵泳："汝读'四书'无甚心得，由不能虚心涵泳，切己体察。……善读书者须视书如水，而视此心如花、如稻、如鱼、如濯足，则'涵泳'二字，庶可得之于意言之表。"他告诉孩子不要蛮读蛮记,重在理解。他明白儿子纪泽"记性不好,悟性较佳",告诉他"不必力求背诵","讲解数遍,自然有益"。"将泽儿未读之经,每日点五六百字,教一遍,解一遍,令其读十遍,不必能背诵,不必常温习。待其草草点完之后,将来看经解,亦可求熟"。曾国藩教儿子深入解读经书的方法,令孩子大受裨益。曾纪泽后来学贯中西,工诗善画,成为清末著名外交家。

六一

养子不教如养驴,养女不教如养猪。

【译文】

养了儿女而不好好教育,就像养了驴和猪一样。

【点评】

此则强调家庭教育的重要性。

这两句是"互文"手法。不论是养儿还是育女,都要对他们进行教育。人如果不接受教育就和动物没什么两样。

对子女的教育,要靠良好的家风家训。据《新唐书·房玄龄传》记载,房玄龄治家有法,深怕诸子骄奢,于是搜集古今家诫,写在屏风上,让儿子们认真学习,并说:"按照上面所写的方法尽力去做,就足以保身成名。"其实,房玄龄的父亲就早已树立了家风典范,据《房彦谦传》载,房彦谦为人正直耿介,乐善好施,提倡清白家风。"家有旧业,资产素殷,又前后居官,所得俸禄,皆以周恤亲友,家无余财,车服器用,务存素俭。自少及长,一言一行,未尝涉私,虽致屡空,怡然自得。尝从容独笑,顾谓其子玄龄曰:'人皆因禄富,我独以官贫。所遗子孙,在于清白耳。'"清白的家风就这样传承下来。

历史上有很多有名的家训,如《颜氏家训》《朱子家训》《曾国藩家训》等。这些家训不仅对教育自家子女起到很好的示范作用,也成为中华优秀传统文化的一部分。

六二

有田不耕仓廪虚,有书不读子孙愚[①]。仓廪虚兮岁月乏[②],子孙愚兮礼义疏[③]。

【注释】

①"有田不耕仓廪(lǐn)虚"二句:明郎瑛《七修类稿》:"予义佢夔求终身事,得二句诗:'有田不耕仓廪虚,有书不读子孙愚。'予谓此贫贱耳。今果然。"仓廪,装粮食的仓库。虚,空。

②乏:匮乏,缺失。

③礼义:礼法道义。

【译文】

有地不耕种,家中的粮仓就会空虚;有书而不读,儿孙就会愚钝。粮仓空虚,日子过得就匮乏紧张;儿孙愚钝,礼法道义就会稀疏。

【点评】

这几句强调了耕种和读书的意义。

这一则揭示了两组关系:一组是田地——耕种——粮食——生活之间的关系,一组是书籍——阅读——子孙素质——礼义之间的关系。耕种解决的是人的物质生活问题,读书解决的是人的精神生活问题。这两者都是人生所必需的,也是相辅相成的,正如《管子·牧民》所言:"仓廪实,则知礼节;衣食足,则知荣辱。"今天,很多人不必耕种土地了,但踏实做好本职工作,赚钱养家仍然是重要的。而读书仍然是提高个人素质的重要途径,需要认真对待,持之以恒地坚持下去。

六三

同君一夜话，胜读十年书①。

【注释】

①"同君一夜话"二句：《朱子语类·训门人五》："周宰才质甚敏，只有些粗疏，不肯去细密处求，说此便可见。载之简牍，纵说得甚分明，那似当面议论，一言半句，便有通达处？所谓'共君一夜话，胜读十年书'。若说到透彻处，何止十年之功也！"

【译文】

和您交谈了一晚上，我的收获比读十年书还多。

【点评】

本则旨在讲成长不仅要靠自己读书，更要靠他人的指点。

有时，高明人士的指点可使自己少走很多弯路，迅速通达事理，这就像佛家所说的"当头棒喝"。有言道：读万卷书不如行万里路，行万里路不如阅人无数，阅人无数不如名师指路。即便聪明如孙悟空者，也需要菩提祖师的点拨。因此，在学问上，或日常生活的重要事情上，应该多向高明的人士请教。

六四

人不通古今，马牛如襟裾①。

【注释】

①"人不通古今"二句：《韩愈诗集·符读书城南》："潢潦无根源，朝满夕已除。人不通古今，马牛而襟裾。行身陷不义，况望多名誉。时秋积雨霁，新凉入郊墟。灯火稍可亲，简编可卷舒。岂不旦夕

念？为尔惜居诸。恩义有相夺，作诗劝踌躇。"襟裾（jīn jū），衣服的前后襟，借指人的衣服。

【译文】

人不能博古通今，就和穿着人衣服的马牛没有什么两样。

【点评】

这一则劝人热爱读书，博闻强记。

人与动物的一个重要区别，在于人能够思考，能够把历史的经验和教训积累下来，为今天和未来的社会服务，而动物却做不到这一点。既然如此，人就应该掌握更多的古今知识，鉴古知今，这样才能更好地实现个人提升，同时推动社会进步。

六五

茫茫四海人无数，那个男儿是丈夫①！

【注释】

①"茫茫四海人无数"二句：唐吕岩《绝句》："茫茫宇宙人无数，几个男儿是丈夫。"四海，全国各地，也指世界各处。丈夫，男子的通称，这里指有气节有作为的人。

【译文】

天下之大，有无数的人，哪一个称得上是真正的男子汉呢！

【点评】

本则感叹"真正的男子汉"之稀少。

五代时期，花蕊夫人《述国亡诗》云："君王城上竖降旗，妾在深宫那得知。十四万人齐解甲，更无一个是男儿。"本诗斥责了蜀主的无能，嘲笑了文武群臣甘当俘虏的丑态，表达出对男人的极度失望。"茫茫四海人无数，那个男儿是丈夫"与这首诗异曲同工，在感叹大丈夫稀少的同时，也表现出对大丈夫人格的期待。

《呻吟语》中，吕坤写自己看到泰山巍峨挺立，想到男儿八景："泰山乔岳之身，海阔天空之腹，和风甘雨之色，日照月临之目，旋乾转坤之手，盘石砥柱之足，临深履薄之心，玉洁冰清之骨。"如果一个男子能以这八方面要求自己，也就不愧于"大丈夫"了。

六六

美酒酿成筵好客，黄金散尽为收书①。

【注释】

①"美酒酿成筵好（hào）客"二句：唐吕岩《题沈东老壁》："西邻已富忧不足，东老虽贫乐有余。白酒酿来缘好客，黄金散尽为收书。"好客，热情招待客人。

【译文】

酿造香甜的美酒是为了热情招待客人，花掉积蓄的全部钱财是为了收藏书籍。

【点评】

本则描述了热情好客的境界，也旨在劝人读书。

前一句充满了豁达洒脱的豪情，后一句旨在劝人读书，与"积金千两，不如明解经书"在思想上是一致的，还是强调书籍的价值要高于黄金，是古人重视读书思想的体现。

《元史·陈祐传》记载，陈祐自小好学，家贫无钱买书。他的母亲曾剪掉头发给他换书读。虽然不是"千金散尽"，但陈母能够做到剪断头发，也表现出对读书的高度重视。

清代散文家张潮在《幽梦影》中说："凡事不宜贪，若买书则不可不贪。"可见也是一个妥妥的"书痴"。

六七

救人一命,胜造七级浮屠①。

【注释】

①七级浮屠:指的是七层佛塔。在佛教中,七层佛塔是最高等级的佛塔。造七级浮屠被视为建功立德的事。浮屠,佛教用语。又称"浮图",佛教建筑形式,最初为供奉佛骨之用,后来也供奉佛像、收藏佛经或保存僧人的遗体。这里指宝塔。

【译文】

救人一条性命,胜过建造七层宝塔的功德。

【点评】

本则旨在赞救人一命是功德无量之事。

建造宝塔是佛教中积善修德的一种方式。然而,救人一命,比建造七级宝塔还要重要,这体现出古人对于人的性命的重视。天大地大,人命最大。

所以,当他人生命遇到危难时,人人都应该伸出援救之手。面对垂危的生命,持有漠视、冷淡的态度,甚至袖手旁观都是有违良知、应该谴责的。

六八

城门失火,殃及池鱼①。

【注释】

①"城门失火"二句:《全北齐文》杜弼《檄梁文》:"但恐楚国亡猿,祸延林木,城门失火,殃及池鱼。横使江淮士子,荆扬人物,死亡矢石之下,夭折露雾之中。"殃,灾祸。池鱼,护城河的鱼。

【译文】

城门失了火,会祸及护城河中的鱼。

【点评】

本则旨在说明事物之间都是有联系的,常用来比喻无辜被连累而遭受灾祸。

城门失火,看起来与鱼没有关系,但因为用水问题,两者之间就产生了密切联系。城门失火,必然要用靠近城门的护城河里的水来救火。护城河中的水没有了,河中的鱼自然也无法存活了。

反映事物之间相关联的名句还有很多,如"唇亡齿寒""皮之不存,毛将焉附",等等。《世说新语·言语》记载,建安十三年(208),孔融因触犯曹操被逮捕,朝廷内外震恐。抓捕孔融的小吏到达孔家时,孔融的两个儿子仍玩着游戏,毫无惶恐之意。孔融对捕吏说:"罪责仅限于一身,我的两个儿子可以保全性命吗?"没想到两个儿子从容说道:"大人岂见覆巢之下,复有完卵乎?"不一会儿,逮捕他们的差役果然也到了。孔融的儿子虽然只有八九岁,却能看清事情之间的紧密联系,可谓聪慧至极。这些都启发我们,要运用联系的思维,对事情全盘考虑。

六九

庭前生瑞草^①,好事不如无^②。

【注释】

①瑞草:古代以为吉祥之草,或称仙草。

②好事不如无:《古尊宿语录》:"上堂云:'乾坤侧,日月星辰一时黑。作么生道?'代云:'好事不如无。'"

【译文】

庭院门前生长出象征吉祥的瑞草,容易招惹麻烦,这样的好事还不如没有更安心。

【点评】

这句话体现了中国古人的祸福观。

古人认为，祸福可以互相转化。正如《老子》第五十八章所言："祸兮，福之所倚；福兮，祸之所伏。"同样，这两句"庭前生瑞草，好事不如无"也蕴含着这种"祸福相依"的思想。门前长出了象征祥瑞的草，表面上看是件好事情，但随之容易招来别人的忌妒或觊觎，其实是招惹麻烦甚至灾难的事情。与其如此，这样的好事还不如没有呢。

这两句通俗的话语里蕴含着中国古人的辩证思维方式与生存智慧。我们都熟悉"塞翁失马"的故事，"塞翁失马，焉知非福？"得失之间，祸福可能随时转换。

七〇

欲求生富贵，须下死功夫①。

【注释】

①"欲求生富贵"二句：《全元散曲·潇湘八景》："闲来思虑，自从那日赋归欤，山河日月几盈虚，风光渐觉催寒暑。欲求生富贵，须下死工夫，且常教两眉舒。"

【译文】

要想获得一生的富贵，必须拼命努力。

【点评】

本则是说有大付出，才有大收获。

对绝大多数人来说，富贵不是天生的，不是轻易可以获得的，而是必须要付出勤劳与智慧，甚至经历大量的磨难与风险。没有人能够随随便便成功，要想获得成功必须付出。

战国时的苏秦,就是"下死功夫"的典型人物。《战国策·秦策》记载,苏秦以连横之策说秦,被秦惠王拒绝,后来又十次上书游说,都不成功。最后资用乏绝,形容枯槁,被迫离开秦国。回家后,被家人嫌弃。他立志发奋读书,读书欲睡时,就拿起锥子刺自己的大腿,血流至脚下。终于学有所成,之后去游说赵王,得到赏识,被封为武安君,拜受相印。以兵车一百辆、锦绣一千匹、白璧一百对、黄金一万镒联合六国,合纵抗秦。苏秦正是下了"锥刺股"的死功夫,才求得了为相的"大富贵"。

七一

百年成之不足,一旦坏之有余^①。

【注释】

①"百年成之不足"二句:宋王应麟《困学纪闻·考史》:"李常宁曰:'天下至大,宗社至重,百年成之而不足,一日坏之而有余。'刘行简曰:'天下之治,众君子成之而不足,一小人败之而有余。'皆至论也。"

【译文】

许多年的努力来做一件事未必能够成功,一瞬间不慎毁坏起来却绰绰有余。

【点评】

本则旨在说明"成难败易"。

很多事情不是一朝一夕可以完成的,需要长期不懈的努力,然而期间一旦松懈和疏忽,就可能使所有的努力付之东流。

公元929年,中原农业大丰收。后唐明宗在与冯道闲聊时,认为自己统治有方。冯道见他有些骄傲,就以自己在山路上骑马的经验借机劝谏:"臣为河东掌书记时,奉使中山,过井陉之险,惧马蹶失,不敢急于御

蹙，及至平地，谓无足虑，遽跌而伤。凡蹈危者虑深而获全，居安者患生
于所忽，此人情之常也。"冯道认为治国和骑马一样，只有时刻小心谨慎，
居安思危，才能将国家治理好。明宗听后深表赞同。

　　欧阳修在《伶官传序》中说："夫祸患常积于忽微，而智勇多困于所
溺，岂独伶人也哉？"祸患常常是由一些细节的失误导致的，而智慧和勇
气常常被他们所沉迷的事物困扰。这是一条普遍的道理。

七二

人心似铁，官法如炉①。

【注释】

①"人心似铁"二句：《全宋诗》释智愚《颂古一百首》："不落因果，
　　堕在野狐。人心似铁，官法如炉。不昧因果，得脱野狐。"官法，
　　国家的法律。

【译文】

任人心冷酷如铁一般坚硬，也经受不住像熔铁炉一样法律的惩罚。

【点评】

本则旨在说明"法严"，劝人敬畏法律，遵纪守法。

　　人心即使如铁石一般硬，但法律是严厉的，如炉火般无情，绝没有商
量的余地，千万别指望触犯了法律还能得到宽恕。"官法如炉"说明了法
律的威严性。

　　此则也见于元代白朴的《裴少俊墙头马上》。此剧讲的是女主人公
李千金与尚书之子裴少俊相爱而私自结合，后被裴父发现赶出，而最终
团圆的故事。第四折中，裴少俊中了状元欲与李千金复合，李千金执意
不肯，便唱道："你待结绸缪，我怕遭刑狱。我人心似铁，他官法如炉。你
娘并无那子母情，你爷怎肯相怜顾？问的个下惠先生无言语。"意思是

我的心像铁一样坚硬,无奈官法像熔炉一样将其熔化。

七三

善化不足①,恶化有余。

【注释】

①化:感化,教化。

【译文】

对人向善的教化不足,人向恶的变化就会滋长。

【点评】

本则旨在强调对人加强善的教化,从而防止人的恶行发生。

俗语说:学坏容易学好难。人性是复杂和脆弱的,如果不严格约束自己的行为,就容易误入歧途,甚至走向犯罪。古代有"性善论"与"性恶论"之说。孟子认为人性本善,注重道德修养的自觉性:"人性之善也,犹水之就下也。人无有不善,水无有不下。"并说:"恻隐之心,人皆有之;羞恶之心,人皆有之;恭敬之心,人皆有之;是非之心,人皆有之。"荀子则倡导性恶论,主张人性有恶,否认天赋的道德观念,强调后天环境和道德教育对人的影响和必要性。二者既相互对立又相辅相成,对后世人性学说产生了重大影响。

七四

水至清则无鱼①,人太紧则无智。

【注释】

①水至清则无鱼:《大戴礼记·子张问入官》:"故世举则民亲之,政

均则民无怨。故君子莅民，不临以高，不道以远，不责民之所不能。今临之明王之成功，而民严而不迎也；道以数年之业，则民疾，疾者辟矣。故古者冕而前旒，所以蔽明也；统纩塞耳，所以弇聪也。故水至清则无鱼，人至察则无徒。"

【译文】

水太清澈了，鱼就不能生存下去；人过于紧张了，就不会有太多智慧。

【点评】

本则旨在说凡事有度，不可苛责。

水质清澈，说明环境干净，固然是有利于鱼儿生存。但是鱼儿也是需要吃东西的，如果水过分清澈，没有任何杂质，连水草或藻类生物也没有，那么鱼儿就没有了可吃的东西，最终也会饿死的。这就是"水至清则无鱼"。当然，这也不是教人"浑水养鱼"，如果水太浑也不利于鱼儿的生长，凡事有度才好。

人在过于紧张时，智商就会降低，智慧就会远离，这关系到一个人的心理素质，也说明了"太紧"对智慧的伤害。佛家讲："静能生慧，慧能生智。"《黄帝内经·素问》指出："恬淡虚无，真气从之，精神内守，病安从来？"一般情况下，一个人在心极为安静时，才能生发无限智慧。所谓"淡泊明志，宁静致远"。当然，本书也有另一句"人急计生"，可与此句互相补充，可看作人在相同状况下两种截然不同的反应状态。

"人太紧则无智"有版本也作"人至察则无徒"，人如果太明察就没有朋友，现在常用来表示对人或物不可苛责。如果对他人过于严苛，不允许别人有一点过失，事事计较，别人就害怕了，就不敢与他交往了。

七五

知者减半①，省者全无②。

【注释】

①知:同"智",智慧,聪明。

②省:清醒,醒悟。有版本作"愚"。

【译文】

世上的智者如果减去一半,那清醒的人就没有了。

【点评】

这两句不易理解,也有多种说法,列举几种供读者参考。

有一种说法认为,"省"通"眚(shěng)",指过失、灾害。把该则与上则"水至清则无鱼,人太紧则无智"联系起来理解为:"聪明的人如果减少一半的明察和急躁,就不会有灾祸。"

还有一种理解为:"世上的智者要减去一半,彻悟的人根本没有。"意思是世上的智者并不多,一直清醒的人根本没有。

还有人解释为,聪明的人,办事会话到嘴边留半句;大彻大悟的人,遇事不轻易表态,那就一句话也不说了。也有人解释为,聪明的人,知道也要少说两句,大彻大悟的人什么也不说,这样就不会惹事端。意在告诫人要少说话或不说话,以防言多必失,祸从口出。

也有人把该则与前则"水至清则无鱼,人至察则无徒"(另一种版本)联系起来理解:了解这个道理的人,就会减少一些苛责,知道不能太计较;彻悟这个道理的人,就不再对人苛求了,一切圆润通达。

本则也有版本作"智者减半,愚者全无",多解释为:世上聪明的人若减少一半,就找不到一个愚蠢的人了。

七六

在家从父,出嫁从夫^①。

【注释】

①"在家从父"二句：《礼记·郊特牲》："妇人，从人者也：幼从父兄，嫁从夫，夫死从子。"在家，指女子未嫁在家时。

【译文】

女子没有出嫁之前，要听从父亲的；出嫁之后，要听从丈夫的。

【点评】

本则言女德，是一种落后的道德观。

在封建社会，女性的社会地位低下，从属于父亲、丈夫和儿子，有"三从四德"的要求。"三从"是指女性未嫁从父，出嫁从夫，夫死从子；"四德"是指妇德、妇言、妇容、妇功。这是典型的男尊女卑的父权思想和夫权思想的体现，是对女性的思想束缚与行为束缚。

这种观念是落后和过时的，今天应当给予摒弃。当今社会，提倡男女平等，"女人能顶半边天"，女性与男性一样独立自主，有权对自己的生活做出自主的选择。

七七

痴人畏妇①，贤女敬夫。

【注释】

①痴人：愚蠢痴呆的人。畏：害怕。

【译文】

愚痴的男子害怕妻子，贤惠的女子尊敬丈夫。

【点评】

这两句讲夫妻之道。

"畏妇"用今天通俗的说法就是"怕老婆"。夫妻双方是平等关系，应相互尊重，互敬互爱。"畏妇"与"畏夫"都不符合夫妻之道。一方畏惧另一方,这样的夫妻关系难以和谐,家庭难以和睦,势必影响个人和家庭的幸福。

《后汉书·梁鸿传》记载了汉时梁鸿与妻子孟光"举案齐眉"的故事。每当丈夫回家时,妻子孟光就托着放有饭菜的盘子,恭恭敬敬地送到丈夫面前。为了表示对丈夫的尊敬,孟光不仰视丈夫的脸,总是把盘子托得跟眉毛齐平,丈夫也总是礼貌地用双手接过盘子。后来,"举案齐眉"就成为赞美夫妻和合、婚姻美满的专用词。

七八

是非终日有,不听自然无①。

【注释】

①"是非终日有"二句:《张协状元》:"(净有介)(外)妈妈,为何恁地发怒?(末)县君每常恁地。(净)孩儿要出路,又是我苦,你道焦躁不焦躁!(末)教我如何?(净)叫与我叫过孩儿来。(末)休,休!是非终日有,不听自然无。(净)不听自然无,家中没闹婆。(末)你也忒吵!"是非,指事情的对与错,泛称口舌的争论,多指不好的事情。《庄子·盗跖》:"摇唇鼓舌,擅生是非。"

【译文】

是是非非的事情每天都有,不去听它自然也不会干扰我们了。

【点评】

本则劝人"远离是非"。

有人群的地方就有是非。有相信"是非"的,就有搬弄是非的。《增广贤文》中还有一句话:"来说是非者,便是是非人。"搬弄是非的人,多是小人。不听是非,也是远小人的方法。要想远离是非,自己首先要做到不搬弄是非,其次要做到不听信是非。

　　另一方面,自己要洁身自好,遵纪守法。自身站得直、行得正,自然没有是非纠缠。

七九

　　宁可正而不足,不可邪而有余①。

【注释】

①"宁可正而不足"二句:《列女传·鲁黔娄妻》:"先生死,曾子与门人往吊之。其妻出户,曾子吊之。上堂,见先生之尸在牖下,枕墼席槁,缊袍不表,覆以布被,首足不尽敛。覆头则足见,覆足则头见。曾子曰:'邪引其被,则敛矣。'妻曰:'邪而有余,不如正而不足也。先生以不邪之故,能至于此。生时不邪,死而邪之,非先生意也。'曾子不能应,遂哭之曰:'嗟乎,先生之终也!何以为谥?'其妻曰:'以康为谥。'"邪,不正当。不足,生活贫困。

【译文】

　　宁可做正直而贫困的人,也不做品行不正而富有的人。

【点评】

　　本则旨在劝人"守底线",保持独立人格。

　　做人要守好道德底线。宁可正直地安贫守拙,也不可靠歪门邪道谋取盈余。在物欲横流的年代,诱惑很多,稍有不坚定,便可能迷失自我,误入歧途。有的人做着无良事,挣着昧心钱,或投机取巧,或坑蒙拐骗,纵然能一时得手,但最终会因此付出惨重的代价。"君子爱财,取之有道。"走正当之道发家致富,才是人生正确的选择。"宁可直中取,不可曲中求"与此则同义。

八〇

宁可信其有,不可信其无①。

【注释】

①"宁可信其有"二句:《全元曲·盯盯珰珰盆儿鬼》楔子:"那先生都叫他做贾半仙,宁可信其有,不可信其无。孩子去意已决,若留在家,也少不得害出场病来。"

【译文】

有些事情,宁可相信它是存在的,也不要轻易相信它没有。

【点评】

本则示人"谨慎"。

对无法断定的事情,不可武断,应预先防范,以防意外。这是古人生活经验的总结,蕴含着生存的智慧。

八一

竹篱茅舍风光好①,道院僧堂总不如②。

【注释】

①竹篱茅舍:用竹竿编成的篱笆,用茅草盖成的房屋。

②道院僧堂:一作"道院僧房"。道院,道士住的道观。僧堂,僧人住的寺院。

【译文】

竹子做的篱笆、茅草做的房屋,风景很美;道士住的道观、僧人住的寺院总比不上它。

【点评】

本则描述了一种理想的居处。

竹篱茅舍虽然简陋，却有着生活的安逸；僧院道房虽然严整，却充满了出世的孤寂。因此，作者不羡慕僧院道房，而欣赏竹篱茅舍。从某种程度上，这也可以看作一种"入世"的观点，表达了作者对清新自然的乡野生活的向往。

"竹篱茅舍"的意象在诗词里反复出现，如宋辛弃疾《清平乐·村居》："茅檐低小，溪上青青草。"元白朴《天净沙·冬》："竹篱茅舍，淡烟衰草孤村。"这些都传递了乡村生活的情景。另一方面，竹篱茅舍也表达了一种淡泊名利、与世无争的志趣。如宋王淇在《梅》中写道："不受尘埃半点侵，竹篱茅舍自甘心。"

八二

命里有时终须有，命里无时莫强求。

【译文】

命里该有的，最后总能够得到；命里没有的，就不要勉强追求了。

【点评】

这是一种"宿命论"，但其中蕴含的顺其自然的思想，还是值得肯定的。

古人有强烈的天命观，比如《周易·系辞》云："乐天知命，故不忧。"孔子说："五十而知天命。""尽人事而听天命。"天命观可看作古人的生存哲学，在古代有限的科学知识和环境条件下无可厚非。

人生既要积极进取，又要顺其自然。任何事情，都要量力而为，不可强求，否则可能会给自己和他人带来损害。

八三

道院迎仙客，书堂隐相儒。庭栽栖凤竹，池养化龙鱼^①。

【注释】

①"道院迎仙客"四句：唐罗隐《罗昭谏集·过梁震居留题》："道院
　迎仙客，书堂隐相儒。庭栽栖凤竹，池养化龙鱼。"栖，停留、歇息。

【译文】

道院里迎送的是仙人般的宾客，书斋里隐居的是能够治国理政的
儒者。庭院里种着能够吸引凤凰来栖息的竹子，池塘里养着可以化成
龙的鱼。

【点评】

这两句充满了一种蓄势待发的力量。

"道院迎仙客，书堂隐相儒"与刘禹锡《陋室铭》中"谈笑有鸿儒，往来
无白丁"类似，都是运用"互文"的手法，指交往的都是知识渊博的人。

传说，凤凰不落无宝地，庭院里栽着能够吸引凤凰栖息的竹子，说明
这是有宝之斋地。古代有鲤鱼跳龙门的传说，认为鲤鱼如果能够跳过龙
门，就可以由鱼变成龙。池里养着化龙鱼，是说早晚有一天会出人头地。

"庭栽栖凤竹，池养化龙鱼。"虽然凤未至、龙未成，但既然有这样的
条件，凤至龙成是可能的事情。

八四

结交须胜己^①，似我不如无。

【注释】

①结交：与人交往，建立情谊。

【译文】

结交朋友一定要交往比自己强的人，与自己差不多的人不如不交。

【点评】

本则论"交友"问题。

古人十分重视交友，在这方面多有论述。《论语·季氏》云："子曰：'益者三友，损者三友。友直，友谅，友多闻，益矣。友便辟，友善柔，友便佞，损矣。'"

《论语·学而》中有言："子曰：'君子不重则不威，学而不固。主忠信。无友不如己者。'"杨伯峻把"无友不如己者"翻译为"不要跟不如自己的人交朋友"。如此则与本则意思一致。其实，如果每个人都按照"结交须胜己，似我不如无"的逻辑来交朋友，那么没有人能够交到朋友。因为如果我结交比我强的人做朋友，站在对方立场上，以同样的标准来看我时，我这个朋友不如他，他也不会和我交往了。这种交友观从逻辑上是说不通的。

南怀瑾在《论语别裁》中说："那么'无友不如己者'，是讲什么？是说不要看不起任何一个人，不要认为任何一个人都不如自己。"每个人都各有短长，要学会相互尊重，取长补短。

八五

但看三五日①，相见不如初。

【注释】

①三五日：指时间短。

【译文】

同朋友仅仅交往了三五天后，见面的感觉就不如初见时那样美好了。

【点评】

本则讲人际交往也有"保鲜期"。

　　交往伊始，双方由于陌生，都还客客气气，相互尊敬。不久，各自的缺点就慢慢暴露出来了，当初的美好感觉也就渐渐消退了。当然，这只是人际交往的一种情形，也有随着交往时间的渐长，感觉越来越好，情感历久弥新的。人际交往的关键是看交往双方的契合度，与时间没有必然关系。本书中"相逢好似初相识，到老终无怨恨心"与此相似。

八六

人情似水分高下①，世事如云任卷舒②。

【注释】

①人情似水分高下：人的情意像水一样有高下之别。《全宋诗》廖行之《和张王臣登清斯亭韵三首》："一年好景负黄花，洗眼江梅傲岁华。把酒欲从天问月，知时谁解营飞莨。人情似水多泾渭，世味如禅说蜜檀。只可高吟酬节物，莺声早晚又天涯。"

②世事如云任卷舒：世上的事情像云彩一样随时变幻不定。《石仓历代诗选·赠同年林少参缙绅》："世事如云变幻频，一樽谁料此相亲。别来岁月俱成梦，老来心知有几人。"舒，展开，舒展。

【译文】

　　人的情意像水一样有高下之别；世事像天上的云一样卷起又展开，变化万千。

【点评】

　　本则以流水自分高下、云彩任意舒卷的自然现象来比喻人情世事的变化无常。

　　如何面对这变化无常的人情世事呢？明代文学家陈继儒在《小窗幽记》中写道："宠辱不惊，看庭前花开花落；去留无意，望天上云卷云舒。"这是一种闲淡的生活态度，这种超然的心态是中国古代文人士大夫追求的理想人生境界。正如苏轼在《定风波》中所言:"竹杖芒鞋轻胜马,谁怕? 一蓑烟雨任平生。""回首向来萧瑟处,归去,也无风雨也无晴。"

八七

会说说都是,不会说无礼①。

【注释】

①"会说说都是"二句:一作"会说说都市,不会说屋里"。会说话的人讲的都是大城市里的新鲜事情,不会说话的人说的都是房前屋后的琐碎事。

【译文】

能说会道的人说什么都对,不善言谈的人说话往往不懂礼仪。

【点评】

本则讲的是"说话"的艺术。

"会说""不会说"看上去是说话技巧的问题,其实还与说话内容密切相关,而说话内容又与一个人的见识相关联。

会说话是一门学问,一个人要学会说话,就要加强多方面的修养和锻炼,不断提升自己的视野和水平。

八八

磨刀恨不利①,刀利伤人指。求财恨不多,财多害人己②。

【注释】

①恨:遗憾,担心。

②害人己:一作"害自己"。

【译文】

磨刀时,唯恐刀不锋利;当刀锋利时,却容易伤害人的手指。求财时,唯恐钱财不多;当钱财多时,反而会害了自己。

【点评】

本则是说凡事都有两面性,是矛盾统一体。

任何事情都有有利的一面,也有不利的一面。看问题不能只看到它的好处,更要看到它的害处。明代吕坤在《呻吟语》中说:"入钉唯恐其不坚,拔钉唯恐其不出。下锁唯恐其不严,开锁唯恐其不易。"世界上的事情都是矛盾的,而人所在立场不同,所处场合不同,看问题的角度也不同。比如入钉和拔钉,下锁与开锁,就是两种完全相反的角度。如果每次都只从对自己有利的角度考虑,就未免太狭隘了。

八九

知足常足,终身不辱。知止常止,终身不耻①。

【注释】

①"知足常足"四句:《老子》第四十四章:"甚爱必大费,多藏必厚亡。知足不辱,知止不殆,可以长久。"辱,污辱,屈辱。

【译文】

懂得满足现状,就会经常感到满足,一生也不会受到屈辱。懂得适可而止,就能经常适可而止,一生也不会遭受耻辱。

【点评】

本则讲人应该懂得知足知止。

知足知止,并不是让人不思进取,而是教人把握合适的度。正如老子所言"甚爱必大费,多藏必厚亡",过于爱名声就必定付出很大的耗费,过多的藏货必定会招致惨重的损失。

凡事适可而止，知足常乐，是人生的大智慧。本书中的"受恩深处宜先退，得意浓时便可休"也是讲的这个道理，正是"物忌全胜，事忌全美，人忌全盛"。

九〇

有福伤财，无福伤己。

【译文】

遇到不幸时，有福气的人，损失了钱财；没有福气的人，则伤害到自身。

【点评】

本则言危急时刻，保命最重要，钱财如粪土。

人们常说"破财免灾"。免灾之人，当然是有福之人。而没有福气的人，由于太执着钱财等身外之物，所以常会伤及自己的身体，甚至危害生命。曾国藩在家书中曾反复引用其祖父星冈公的话："有福之人善退财。"

《论语·乡党》记载，有一次马厩失火了。孔子退朝后只问了一句："伤人乎？"并没有问马的伤亡情况。当然，马也是条命，属于重大财产。但在人的生命攸关之时，就无暇顾及了。朱熹对此解释说："非不爱马，然恐伤人之意多，故未暇问。盖贵人贱畜，理当如此。"

九一

差之毫厘，失之千里[①]。

【注释】

①"差之毫厘"二句:《礼记·经解》:"易曰:'君子慎始,差以毫厘,谬以千里。'"毫厘,均是微小的长度单位。《旧唐书·朱泚黄巢秦宗权传》文末也有此二句:"史臣曰:'盖差之毫厘,失之千里,蛇螫不能断腕,蚁穴所以坏堤。后之帝王,足为殷鉴。'"亦作"差之毫厘,谬以千里"等。

【译文】

一毫一厘的差错,都会导致相差千里的结果。

【点评】

本则讲"慎始""慎微"。

事物之始端,往往细微难辨,若不谨慎对待,则可能以毫厘之差而致千里之谬。"差之毫厘"是开始,"谬以千里"是结果。"慎始"才能"善终"。换一个角度来说,做事要讲究精确到位,不能有丝毫的差错,否则会酿成大的灾祸。

有关慎微的思想,《吕氏春秋·察微》云:"故治乱存亡,其始若秋毫。察其秋毫,则大物不过矣。"能够明察秋毫,就不会出现大的过失了。此处,"察其秋毫"即含有慎微之意。《荀子·大略》有言:"尽小者大,慎微者著。"《后汉书·陈忠传》云:"臣闻轻者重之端,小者大之源,故堤溃蚁孔,气泄针芒。是以明者慎微,智者识几。"

显然,古人对于"小"与"大"、"微"与"著"关系的认识,包含着朴素辩证法的因素。它启发人们,做事情时要"慎始""慎微","慎始"防止方向的偏失,"慎微"防止因小失大,如此才能保证成功。

九二

若登高必自卑,若涉远必自迩①。

【注释】

①"若登高必自卑"二句：《礼记·中庸》："君子之道，辟如行远，必自迩；辟如登高，必自卑。"卑，低处。迩（ěr），近处。

【译文】

如果想要登到高处，必须先从低处开始；如果想要走到远方，必须从近处起步。

【点评】

本则讲脚踏实地，从低处累积。

在《礼记·中庸》中，"登高""涉远"的比喻是用来说明君子修行之道的。事物都是一点点做成的，只有从低处做起，从近处出发，才能登到高处，达至远处。

古人充分认识到卑与高、近与远之间的关系，其高远者，皆有卑近累积而成。《荀子·劝学》云："不积跬步，无以至千里；不积小流，无以成江海。"《老子》第六十四章言："合抱之木，生于毫末；九层之台，起于累土；千里之行，始于足下。"

凡事脚踏实地，慢慢积累，终可成就。

九三

三思而行，再思可矣①。

【注释】

①"三思而行"二句：《论语·公冶长》："季文子三思而后行。子闻之，曰：'再，斯可矣。'"三思，古人说"三"的时候，往往不指确数"三"，而是表示次数很多。指考虑周到，然后再去做。再，第二次。

【译文】

遇事要进行多次思考再去做，其实思考两次就可以了。

【点评】

本则旨在既要考虑周全,又要适可而止。

三思而后行,是一种谨慎的做事风格。在特定的环境下,可褒可贬。

季文子是鲁国位高权重的上卿大夫,历仕鲁宣公、鲁成公、鲁襄公几朝。他做事情过分谨小慎微,不论大小事,都要"三思而后行"。孔子认为他做事想太多了,所以说想两次就够了。可见,"三思而后行"在《论语》中出现时是贬义的。清代宦懋庸在《论语稽》中说:"文子生平盖祸福利害之计太明,故其美恶两不相掩,皆三思之病也。其思之至三者,特以世故太深,过为谨慎。然其流弊,将至利害徇一己之私矣。"

现在,"三思而行"多指要养成事前多思考的好习惯,多赞颂某人做事成熟谨慎,属于褒义。但要有限度,不可过度思虑,犹豫不决。

九四

使口不如自走[①],求人不如求己[②]。

【注释】

①使口:即动嘴说,这里指支使别人做事情。自走:即自己做。

②求人不如求己:《论语·卫灵公》:"君子求诸己,小人求诸人。"

《文子·上德》:"怨人不如自怨,勉求诸人,不如求之己。"

【译文】

动嘴费舌指使别人做事不如亲自去做,求别人做事情不如靠自己去努力。

【点评】

本则强调了一种自力更生、凡事求诸己的思想,有积极意义。

"求人不如求己"是一种积极的人生态度,可以充分发挥人的主观能动性。一个人在学习、工作、生活中总会遇到各种问题,学会独立解决问题才能快速成长。常言道："上山擒虎易，开口求人难。"开口求人，就会受制于人，即使不受制于人，也要时常想着回报人情。当然，"万事不求人"也是不现实的，人是社会关系中的人，遇到困难时进行求助也是很正常的。

宋代张端义在《贵耳集》中记载了"孝宗问禅"的故事："（宋）孝宗幸天竺，及灵隐，有辉僧相随。见飞来峰，问辉曰：'既是飞来如何不飞去？'对曰：'一动不如一静。'又有观音像手持数珠。问曰：'何用？'曰：'要念观音菩萨。'问：'自念则甚？'曰：'求人不如求己。'"

九五

小时是兄弟，长大各乡里[①]。

【注释】

①各乡里：可作两种解释，一为各忙于乡里，一为各奔他乡。

【译文】

小时候是亲密的兄弟，长大后各自忙于乡里，较少往来。

【点评】

这则讲时间变迁给亲密的人带来的巨大变化。

虽然小时候亲如兄弟，长大后或各自成家，或奔走他乡，聚少离多，疏于联络，感情自然淡了。又或者常常会因为地位、职业、贫富、区域等的差异而变得生分疏离了。鲁迅的小说《故乡》里，少年闰土与"我"像兄弟一样亲密无间，但中年闰土却因身份不同和"我"疏远了。这个故事就是对"小时是兄弟，长大各乡里"的一个很好的注脚。更有甚者，为了争夺父母财产，兄弟反目、姊妹成仇的事情时有发生，如此则连乡亲也不如了。

九六

妒财莫妒食①，怨生莫怨死②。

【注释】

①妒：妒恨，因别人比自己强而忌恨。

②怨：抱怨、埋怨。

【译文】

可以嫉妒他人的钱财，但不能嫉妒别人的食物；人活着的时候可以埋怨他，人死了就不要再埋怨了。

【点评】

这则强调做人不要太过狭隘，要有宽恕之心。

在这则民谚看来，嫉妒别人发财有钱，还可以接受，但嫉妒别人的食物丰富就没必要了。学会以欢喜的心面对生活，放下一切憎恨与抱怨，是人生的一种修为。

《史记·伍子胥列传》记载了"伍子胥复仇"的故事。春秋时，楚平王听信谗言，将大夫伍奢全家杀害。伍奢次子伍子胥（伍员，又称"申胥"）历尽艰难逃到吴国，成为吴国重臣。后来，伍子胥率领军队攻破楚国都城郢。伍子胥为父兄报仇雪恨，曾挖开楚平王的坟墓，怒鞭平王尸体三百下才罢休。这种疯狂的复仇火焰，令人惧怕，也引发后人的争议。正如司马迁说："怨毒之于人甚矣哉。"

九七

人见白头嗔①，我见白头喜。多少少年亡，不到白头死。

【注释】

①嗔（chēn）：生气，发怒。

【译文】

别人看到头上长了白发就生气,我看见长了白发却很高兴。因为世上有很多年轻人没有等到长白头发,就不幸早早离开了人世。

【点评】

此则言见到白发的欣慰,因为这是长寿的象征。

世上很多事情,该喜还是该忧,取决于人怎样看待它。任何事情都有两面性:遇到事情就往有利的一面想,这叫"利导思维";遇到事情就往不利的一面想,这叫"弊导思维"。弊导思维容易使人悲观、消极,利导思维则容易使人乐观、积极。对待头上白发也是如此,有人欢喜有人忧。"见白头喜"就是一种乐观的人生态度。人都有生老病死,头发由黑变白,都是自然规律。想想自己竟然已经活到满头白发,已是生命的赢家。另一方面,"莫道桑榆晚,为霞尚满天。"老年也是人生的自然阶段,以积极、豁达的态度迎接余生,银发人生亦精彩。

九八

墙有缝,壁有耳①。

【注释】

①"墙有缝"二句:《五灯会元·显明善孜禅师》:"临安府北山显明善孜禅师,僧问:'如何是祖师西来意?'师曰:'九年空面壁,懡㦬又西归。'曰:'为甚么如此?'师曰:'美食不中饱人餐。'问:'如何是无情说法?'师曰:'灯笼挂露柱。'曰:'甚么人得闻?'师曰:'墙壁有耳。'"

【译文】

墙壁都有缝隙,隔壁可能会有耳朵偷听呢。

【点评】

此则仍然是一种谨言慎行思想的体现。

常言道："隔墙有耳""没有不透风的墙"。这是一种形象的说法，指做人做事要光明磊落。东汉名士杨震到东莱上任，路过昌邑。昌邑县令王密曾由杨震推荐为茂才，于深夜携带十斤黄金特来拜见杨震。王密赠送如此重礼，一则对杨震过去的荐举表示感谢，二则想通过贿赂请杨震以后再多加关照。杨震说："故人知君，君不知故人，何也？"王密以为杨震假装客气，便说："暮夜无知者。"杨震立即生气了，说："天知、地知、你知、我知，怎说无知？"王密十分羞愧，只得带着黄金狼狈而回。这则故事中不难看出杨震的慎独。

九九

好事不出门，恶事传千里①。

【注释】

①"好事不出门"二句：五代孙光宪《北梦琐言》卷六："契丹入夷门，号为'曲子相公'，所谓好事不出门，恶事行千里，士君子得不戒之乎？"

【译文】

好的事情不容易传扬出家门，坏的事情却很容易传播到千里之外。

【点评】

本则一方面说明了一种不好的世风，另一方面告诫人们莫做坏事。

这两句揭露了人性的缺点：人们专喜传恶，不愿扬善。宋代释道原《景德传灯录·寿州绍宗禅师》云："'如何是西来意？'师曰：'好事不出门，恶事传千里。'"每个人应加强修养，积累口德，不随意传播别人的"恶事"。

一个人应该像鸟儿爱惜羽毛一样，珍惜自己的声誉，众善奉行，诸恶莫作。不要因为做坏事而使自己名誉扫地。

一〇〇

贼是小人，智过君子①。

【注释】

①"贼是小人"二句：《五灯会元·子陵自瑜禅师》："郢州子陵山自瑜禅师，僧问：'如何是古佛心？'师曰：'赤脚跋泥冷似冰。'曰：'未审意旨如何？'师曰：'休要拖泥带水。'问：'泗洲大圣为甚么杨州出现？'师曰：'业在其中。'曰：'意旨如何？'师曰：'降尊就卑。'曰：'谢和尚答话。'师曰：'贼是小人，智过君子。'"

【译文】

窃贼是卑鄙小人，但他们的一些心机却胜过正人君子。

【点评】

此则讲小人的心机。

窃贼不仅靠胆量，也靠头脑，有时他们的心机胜过很多正常人。明代《雪涛谐史》有两则窃贼的故事："一贼，白昼入人家，盗磬一口，持出门，主人偶自外归，贼问主人曰：'老爹，买磬否？'主人答曰：'我家有磬，不买。'贼径持去。至晚觅磬，乃知卖磬者即偷磬者也。又闻一人负釜而行，置地上，立而溺。适贼过其旁，乃取所置釜顶于头上，亦立而溺。负釜者溺毕，觅釜不得。贼乃斥其人：'尔自不小心，譬如我顶釜在头上，正防窃者；尔置釜地上，欲不为人窃者，得乎？'"在这两则故事里，两个窃贼可谓机智过人，但因其行窃的行径，终究是卑鄙的小人。

一〇一

君子固穷，小人穷斯滥矣①。

【注释】

①"君子固穷"二句:《论语·卫灵公》:"在陈绝粮,从者病,莫能兴。子路愠见曰:'君子亦穷乎?'子曰:'君子固穷,小人穷斯滥矣。'"固,安于,坚守。斯,那么。滥,过度,无节制。

【译文】

君子穷困时能固守自己的节操,小人在穷困时就会肆意妄为。

【点评】

此则讲君子与小人的区别。

君子与小人都可能穷困,但君子能够固守节操,小人既无准则也不懂得节制。如果在逆境中也不放弃对正道的坚守,就可以算是君子了。

明代吕坤《呻吟语》中有一段话,可看作对"君子固穷"的详细阐释:"善者不必福,恶者不必祸,君子稔知之也,宁祸而不肯为恶。忠直者穷,谀佞者通,君子稔知之也,宁穷而不肯为佞。非但知理有当然,亦其心有所不容已耳。"做善事的人不一定能得福,做恶事的人不一定能得祸,这个道理君子是熟知的,但君子宁肯受祸也不肯做恶事。忠厚正直的人穷困,阿谀奉承的人通达,这个现象也是君子熟知的,但君子宁肯穷困也不肯做阿谀奉承之人。这样做不只是理所当然,而是自己的内心容不得做不符合内心意愿的事。

一○二

贫穷自在,富贵多忧①。

【注释】

①富贵多忧:《全宋词》张纲《感皇恩·休官》:"苦贪富贵,多忧多虑。百岁光阴能几许。醉乡日月,莫问人间寒暑。兴来随短棹,过南浦。"

【译文】

贫穷的人自由自在，富贵的人却有很多的忧愁。

【点评】

此则旨在说明贫穷富贵与自在忧愁的关系。

其实，自在不自在，忧愁不忧愁，与贫穷富贵没有必然关系。世间固然有"一箪食，一瓢饮，在陋巷，回也不改其乐"的颜回，但贫穷未必真自在。贫穷使得条件有限，从而制约了人的行动范围与能力，比如现在有一句流行语"贫穷限制了我的想象力"。"穷自在"有时是一种对现实无奈的自我解嘲。"贫贱夫妻百事哀""人穷志短"都说明了贫贱给人带来的困境。前文"马行无力皆因瘦，人不风流只为贫"也是这个意义。

富贵也未必多忧愁。富贵就是资源，资源丰富了也会获得更大的活动空间和更大的自由。"多财善贾"，若财富不多，何以经营生意。"有钱能使鬼推磨"，何况用金钱支使人呢？

所以，"不汲汲于富贵，不戚戚于贫贱"，不忧虑伤感贫贱的生活，不急于追求荣华富贵，活在当下，才是最踏实的。

一〇三

不以我为德，反以我为仇。

【注释】

①"不以我为德"二句：《诗经·邶风·谷风》："不我能慉（好），反以我为仇。既阻我德，贾用不售。"

【译文】

不把我当作恩人，反而把我视为仇人。

【点评】

此则谴责忘恩负义之人。

人与人相处，应该以德报德，知恩图报，所谓"滴水之恩，当以涌泉报之";不要以怨报怨,更不能以怨报德。以怨报怨,则怨怨相报,无穷烦恼。以怨报德,则亏损德行。

明代马中锡《东田文集·中山狼传》载,晋国大夫赵简子在中山狩猎时,射中一只狼。狼在逃跑的路上,遇到去中山谋职的东郭先生。狼哀求东郭先生把它藏在口袋里,并说以后会报答他。东郭先生动了恻隐之心,救了它。危险过去后,狼反而想吃掉东郭先生。这中山狼就是"不以我为德,反以我为仇"的典型。后来把忘恩负义的人叫做"中山狼"。比如《红楼梦》中贾迎春的判词:"子系中山狼,得志便猖狂。金闺花柳质,一载赴黄粱。"这里的中山狼是指迎春的丈夫孙绍祖。他本受惠于贾家,反而恩将仇报,把迎春虐待致死。

一〇四

宁向直中取①,不可曲中求②。

【注释】

①直:正直,合理,指正当的手段、方式。

②曲:弯曲,歪曲,指歪门邪道。

【译文】

宁可用正当的方式去争取,也不能用歪门邪道去谋求。

【点评】

此则教人要走正道,做正事,不可走邪路,做坏事。

用走正当的途径去获取,会很慢,甚至获取得很少,但这样获得的东西合理合法,用起来心安理得。用不当方式获取的东西,会很快,也可能很多,但不合理不合法,会受到惩罚,甚至丢掉性命。本书另外一则"宁可正而不足,不可邪而有余"与此则意思一致。

在《封神演义》第二十三回,周文王见姜子牙在渭水河边直钩钓鱼,有些不解，问他为何这样做。姜子牙回答："吾在此不过守青云而得路，拨阴翳而腾霄，岂可曲中而取鱼乎！非丈夫之所为也。吾宁在直中取，不向曲中求，不为锦鳞设，只钓王与侯。"姜子牙以"宁在直中取，不向曲中求"表明了自己的品格与志向，赢得了周文王的青睐。

<h1 style="text-align:center">一〇五</h1>

人无远虑，必有近忧①。

【注释】

①"人无远虑"二句：《论语·卫灵公》："子曰：'人无远虑，必有近忧。'"远虑，长远的打算。

【译文】

人没有长远的打算，一定有眼前的忧患。

【点评】

此句揭示"远虑"与"近忧"之间的关系。

长远的打算可为当下的行动指明方向，当下的行动可为未来的目标打下基础。个人和家庭要有"远虑"即长远规划，这样才能抵御人生风险。国家要有"远虑"即战略规划，才能保证国家的长治久安。如果只顾眼前利益，不计长远得失，则很快会陷入困境，万事万物都是如此。

元末明初文学家陶宗仪在《南村辍耕录》中讲过"寒号鸟"的故事："五台山有鸟，名寒号虫，四足，有肉翅，不能飞。其粪即五灵脂。当盛暑时，文采绚烂，乃自鸣曰：'凤凰不如我。'比至深冬严寒之际，毛羽脱落，索然如毂雏，遂自鸣曰：'得过且过。'"寒号鸟只顾眼前，不虑长远，得过且过，结果到了深冬落得"毛羽脱落，索然如毂雏"的下场。这就是"无远虑"所导致的后果。

一〇六

知我者谓我心忧，不知我者谓我何求①？

【注释】

① "知我者谓我心忧"二句：《诗经·王风·黍离》："知我者谓我心忧，不知我者谓我何求。悠悠苍天，此何人哉！"知我者，理解我的人。忧，忧愤、烦闷。求，企求。

【译文】

理解我的人，说我的心中充满忧愁；不理解我的人，还以为我有什么企求。

【点评】

这则感叹知音难求，表达不被理解的痛苦。

《诗经·王风·黍离》是一首感叹家国兴亡的诗。

彼黍离离，彼稷之苗。行迈靡靡，中心摇摇。知我者谓我心忧，不知我者谓我何求。悠悠苍天，此何人哉！

彼黍离离，彼稷之穗。行迈靡靡，中心如醉。知我者谓我心忧，不知我者谓我何求。悠悠苍天，此何人哉！

彼黍离离，彼稷之实。行迈靡靡，中心如噎。知我者谓我心忧，不知我者谓我何求。悠悠苍天，此何人哉！

作者应为朝廷大臣，他行到此地，看到故室宗庙颓毁，长满禾黍，悲怆不已，彷徨不忍离去。可能他曾对朝政发表过意见，但不被理解，所以感叹道："知我者谓我心忧，不知我者谓我何求。"这两句反复出现三次，可见诗人内心渴望被理解的强烈心情。虽然前一句有"知我者谓我心忧"，但表达重心却落在后一句"不知我者谓我何求"。因此，后来人们常用此句来表达不被人理解的痛苦。

一〇七

晴干不肯去，直待雨淋头^①。

【注释】

①"晴干不肯去"二句：《五灯会元·洞山守初禅师》："僧问：'迢迢一路时如何？'师曰：'天晴不肯去，直待雨淋头。'"干，天晴干燥。

【译文】

晴天干燥的时候不肯去做事情，一直等到大雨淋头了才去做。

【点评】

此则教人做事把握时机，未雨绸缪。

做任何事都应把握时机，宜早不宜晚。错过了好时机，只能"亡羊补牢"。正如欧阳修在《上书谏猎》中所言："盖明者远见于未萌，而知者避危于无形，祸固多藏于隐微，而发人之所忽者也。故鄙谚曰：'家累千金，坐不垂堂。'此言虽小，可以喻大。"聪明之人在事端尚未萌芽时就能预见，智慧的人在危险还未露头时就能早早避开。

一〇八

成事莫说^①，覆水难收^②。

【注释】

①成事莫说：已定成局的事不要再议论。《论语·八佾》："子闻之曰：'成事不说，遂事不谏，既往不咎。'"

②覆水难收：倾倒的水不可收回。《鹖冠子》："太公既封齐侯，道遇前妻，再拜求合。公取盆水覆地，令收之，惟得少泥。公曰：'谁言

离更合,覆水定难收。'"说的是姜太公封为齐侯后,声名贵显,路遇之前不安于贫贱而离去的妻子马氏。马氏要求复婚,太公取水泼地,令她收取,暗示覆水不可全收,二人不可复合。后来常以此比喻夫妻离而难合,又引申指事情既成而无可挽回。覆水,倾倒的水。

【译文】

已成定局的事情,就不要再评论了;泼出去的水,是难以收回来的。

【点评】

此则告诫人们,对无可挽回之事,要学会接受。

对于无法改变或已成定局的事情,学会接纳认同。在《论语·八佾》中,哀公向宰我询问有关立社之事,宰我回答:"夏朝用松树立社,商朝用柏树,周朝用栗树,以使百姓感到恐惧。"宰我之说实属穿凿附会,然而孔子没有立即责备弟子如此荒谬的错误,只是循循善诱地进行了引导:话已说出口,不可变更,只能随他去了。

一〇九

是非只因多开口,烦恼皆因强出头①。

【注释】

①"是非只因多开口"二句:《张协状元》:"(生)一剑教伊死了休,黄泉路上必知羞。是非只为多开口,烦恼皆因强出头。"强,逞强。

【译文】

是非只因为多讲话惹来的,烦恼都因为逞强、爱出风头导致的。

【点评】

此则劝人少说话,莫逞强。

"病从口入,祸从口出。"说话不谨慎的确容易惹祸,在特定的场合,沉默是金，最好做一个冷静的倾听者，如"观棋不语真君子，落子无悔大丈夫"。

但遇事也不能不说话。尤其在大是大非面前，该说话时必说话。说话才能辨清是非，在说话中成就自己。《旧唐书·柳浑传》记载，张延赏与柳浑同在内阁，张延赏妒忌柳浑的正直，就让亲信对柳浑说："以相公过去的功劳，只要在朝廷少说话，就可永保高官。"柳浑回答说："柳浑的头可以断，而口不可禁。"可见，柳浑是个敢说敢为的人，这也成就了其正直的人格。

遇事不是不出头，而是不要"强出头"，要量力而行，在自己的能力范围内做事，这样才能不自寻烦恼。正像前文所言："力微休负重，言轻莫劝人。"

一一〇

忍得一时之气，免得百日之忧。

【译文】

忍下一时的怒气，可以免除一百天的忧愁。

【点评】

此则劝人遇事忍耐。

遇事能忍，是人生的一种修养。对于小事上的忍耐，可以免除由于冲动带来的更大的麻烦；对于大事上的忍耐，则有助于成就大事业。"小不忍则乱大谋"，为了成就大事，有时必须要学会忍辱负重。

据《旧唐书·孝友传》记载，郓州寿张人张公艺九代同居。唐高宗封禅泰山时，路过郓州，亲自到他家中，问他是怎么做到让宗族和睦的。张公艺让人拿来纸笔，在纸上写了一百多个"忍"字。唐高宗对他的做法大为赞赏。

大家族能够九世同堂，靠的是上下和睦，彼此忍让。当然，这与家族中有德行的长者的教诲是分不开的。家族一旦形成良好的家风，家族成员之间就会互相影响，进而努力维护良好的传统，从而保持家族的和睦。

一一一

近来学得乌龟法，得缩头时且缩头^①。

【注释】

①得缩头时且缩头：能缩头时暂且把头缩回去。《五灯会元·大同旺禅师》："僧问：'如何是祖师西来意？'师曰：'入市乌龟。'曰：'意旨如何？'师曰：'得缩头时且缩头。'"

【译文】

最近学到乌龟的做法，当需要缩头时暂且把头缩回去。

【点评】

此则旨在教人学会变通，能屈能伸。

据《世说新语·雅量》记载，裴遐去周馥家做客。周馥做东设宴，周馥的司马负责行酒，裴遐正和人下棋，没有按时喝酒，司马发怒，把裴遐拖在地上。裴遐起来坐好，举止如常，神色不改，继续下棋。王衍后来问裴遐："当时为什么面不改色？"裴遐答道："只是默默忍了而已。"裴遐如此忍耐，可真是当了一回"缩头乌龟"。

当然，做人不能一直委曲求全，缩手缩脚。必要的时候，应该挺身而出。

一一二

惧法朝朝乐，欺公日日忧^①。

～

【注释】

①"惧法朝朝乐"二句：宋陈录《善诱文·赵清献公座右铭》："依本分，莫妄想。待则甚，怎奈何。知足胜持斋，无求胜布施。惧法朝朝乐，欺公日日惊。"惧，害怕，敬畏。

【译文】

对法律保持敬畏，天天都会安心快乐；冒犯公法，时时都会有忧患。

【点评】

此则劝人遵纪守法。

明代大臣万钢曾说："畏法度者最快活。""畏法度者"行得正、坐得端、挺得直，不怕"夜半鬼敲门"，不会"惶惶不可终日"。自觉遵纪守法，心地坦然，自然会生活得轻松快乐。如果无法无天，知法犯法，那么必然会受到法律的制裁。

德国哲学家、思想家康德说过："有两种东西，越是经常而持久地对它们进行反复思索，它们就越是使心灵充满常新而日益增长的赞叹和敬畏：我头上的星空和我心中的道德法律。"康德把道德法律摆到信仰的高度，充分表达了他对道德法律的虔诚态度。

孔子说："必也临事而惧。"（《论语·述而》）敬畏是一种理性的人生态度，是对生命和事物的极大尊重。凡事有所敬畏，才能有所为有所不为。

一一三

人生一世，草木一春①。

【注释】

①"人生一世"二句：《全唐诗补编》："人生一世，草生一时。"

【译文】

人只能活一世，就像草木只能繁荣一个春天。

【点评】

此则表明生命唯一且短暂。

人生苦短,而且不可逆转。古人对于人生有很多形象的比喻,曹操说:"对酒当歌,人生几何? 譬如朝露,去日苦多。"苏轼说:"哀吾生之须臾,羡长江之无穷。"《古诗十九首·今日良宴会》中言:"人生寄一世,奄忽若飙尘。"因此,人应该珍惜生命,活出人生的精彩。让生命之花,如草木逢春一般灿烂绽放。

一一四

白发不随老人去,看来又是白头翁。

【译文】

白头发不会随着老人的逝去而消失,黑头发的人转眼间又变成了白发老人。

【点评】

本则言人生易老,时不我待。

本书中"记得少年骑竹马,看看又是白头翁"与这两句意思一致。既然时光易逝,就应该珍惜时间,有所作为。

古人有很多关于勤学和惜时的告诫:"少壮不努力,老大徒伤悲。""及时当勉励,岁月不待人。""莫等闲,白了少年头,空悲切。"年少时时间充足,精力充沛,宜勤学苦读,不要等中年无成、老年无功时,再徒增后悔。

一一五

月过十五光明少,人到中年万事休①。

【注释】

①"月过十五光明少"二句：元关汉卿《包待制三勘蝴蝶梦》第一
　　折："（孛老同旦引三末上）月过十五光明少，人到中年万事休。"
　　休，停止，此处指不成功。

【译文】

月亮过了十五这天光明就逐渐地减少了，人到了中年以后也就不会
有大的作为了。

【点评】

本则慨叹中年之后无所作为。

这两句用了传统文学中的比兴手法，前半句"月过十五光明少"是一
种自然现象，为后半句"人到中年万事休"作了铺垫。所谓"日中则昃，月
盈则亏"，"三五明月满，四五蟾兔缺"。这是一种自然规律，由此可启发人
们接受不圆满的现实，"人有悲欢离合，月有阴晴圆缺，此事古难全。"

但"人到中年万事休"的思想过于消极。中年人身强力壮、精力充
沛，各方面都比较成熟，应该是大有作为的好时光。其实，人生的每个阶
段，都需要对世界保持一颗好奇的心，保持学习的热情。世间有少年成
才者，有大器晚成者，找到自己的节奏就好。

一一六

儿孙自有儿孙福，莫为儿孙作马牛①。

【注释】

①"儿孙自有儿孙福"二句：《宋诗纪事》载嘉祐时天台道士徐守信
　　诗："儿孙自有儿孙计，莫与儿孙作马牛。"马牛，指甘被当作牛马
　　驱使，听从别人使唤。这里比喻供人使唤的人。

【译文】

儿孙自有他们自己的幸福,做长辈的不要为儿孙的事情操心费力,当牛做马。

【点评】

此则旨在教父母长辈对儿孙要学会放手。

养育下一代是做家长的义务和责任,但不是事无巨细、大包大揽,更不是当牛做马、累死累活。培养孩子自强自尊的品质、独立自主的学习习惯,才是对他们的真爱。

《红楼梦》第一回《好了歌》里唱道:"世人都晓神仙好,只有儿孙忘不了!痴心父母古来多,孝顺儿孙谁见了?"也是在劝人放下对儿孙的痴心和执念。对今天的父母,这两句话仍有警示劝诫作用。

一一七

人生不满百,常怀千岁忧①。

【注释】

①"人生不满百"二句:汉乐府《古诗十九首》:"生年不满百,常怀千岁忧。"百,百岁。千岁忧,指很深的忧虑。千岁,多年,时间很长。

【译文】

人的一生活不到一百岁,却常常心怀千年之后的忧虑。

【点评】

此则感慨人生苦短,不必为那些毫无意义的事情而烦忧。

《古诗十九首·生年不满百》全诗为:"生年不满百,常怀千岁忧。昼短苦夜长,何不秉烛游。为乐当及时,何能待来兹?愚者爱惜费,但为后世嗤。仙人王子乔,难可与等期。"原诗表达了一种人生苦短、及时行乐的思想。

不过,我们今天也可作另一种理解:虽然人生短暂,但也要深谋远虑。这种远虑当然不是为自己,而是为子孙后代,为整个人类的延续与发展。比如今天的"可持续发展"战略,就是惠及千秋万代的大事。正如本书所言"但存方寸地,留与子孙耕"。另一方面,正因为人生苦短,所以更要不待扬鞭自奋蹄。

一一八

今朝有酒今朝醉,明日愁来明日忧①。

【注释】

①"今朝有酒今朝醉"二句:唐罗隐《自遣》:"得即高歌失即休,多愁多恨亦悠悠。今朝有酒今朝醉,明日愁来明日愁。"

【译文】

今天有酒,今天就要一醉方休;明天的忧愁,放到明天再说吧。

【点评】

此则反映了一种及时行乐的思想,可见作者消极的人生态度。

唐代诗人罗隐仕途坎坷,十举进士而不第,自感前程渺茫,堕落牢骚之时作《自遣》诗。这首诗表达了他在政治失意后的颓唐情绪,含有愤世嫉俗、消极避世之意。

从另一方面讲,放松身心,享受当下,也未尝不是一种休养生息的方式。正如李白所言:"浮生如梦,为欢几何? 古人秉烛夜游,良有以也。"总之,人生在世,既要享受今天的生活,也要为未来做好充分的准备。

一一九

路逢险处难回避,事到头来不自由①。

【注释】

①"路逢险处难回避"二句：元高明《蔡伯喈琵琶记》："（白）路当险处难回避，事到头来不自由。奴家少长闺门，不识途路。今日见官司支粮济贫，免不得去请些子救公婆之命。（见净介）（净白）婆娘，你姓甚？名谁？（旦白）奴家姓赵，名五娘，是蔡伯喈的妻房。"

【译文】

走路走到危险的地方，就难以躲避了；事情临到头上时，就不由自主了。

【点评】

此则劝人勿走向绝境。

行路之前，一定要选择大道，如此才能保证通达。做事也是如此，要留有回旋的余地，否则就会把自己逼进绝境，走入死胡同，"事到头来不自由"。

做事要善于谋划，提前预判，做好预案，根据个人实力，量力而为，特别是不要做超出自己掌控能力之外的事情。如果能做到"未雨绸缪"，就会"有备无患"，就不会"事到头来不自由"了。另一方面，虽然"路逢险处难回避"，但不等于不能回避，只要积极应对，还是可以"绝处逢生"的。

一二〇

药能医假病①，酒不解真愁。

【注释】

①医：治疗。

【译文】

药可以治疗好人们假装的病，酒却不能解除人内心深处真正的忧愁。

【点评】

这则告诉人们：借酒浇愁，是没有用的。

中国的酒文化可谓源远流长。自从人类酿造出了酒，它就与人类生活结下了不解之缘。"何以解忧？唯有杜康。"喝酒固然可以御寒，可以助兴，可以暂且舒缓压力、排解忧愁。

但"抽刀断水水更流，举杯销愁愁更愁"，真正的忧愁是酒无法消除的，回归内心，直面困境，找到方法，才能解决问题，获得真正的快乐。

一二一

人平不语，水平不流①。

【注释】

①"人平不语"二句：《朱子语类》卷第七十五《易十一》："'天下之至动'，事若未动时，不见得道理是如何。人平不语，水平不流，须是动，方见得。"平，公平。一作"贫"。

【译文】

人受到公平的待遇，就没有牢骚了；水处在同一水平线上，就不流动了。

【点评】

本则讲公平对人的影响。

公平是人类社会的理想追求之一，公平对维护社会安定具有十分重要的作用。社会公平了，人心理平衡，内心平和，就不会有牢骚话了。

唐韩愈在《送孟东野序》中提出"不平则鸣"的观点："大凡物不得其平则鸣。草木之无声，风挠之鸣。水之无声，风荡之鸣。其跃也，或激之；其趋也，或梗之；其沸也，或炙之。金石之无声，或击之鸣。人之于言也亦然，有不得已者而后言。其歌也有思，其哭也有怀。凡出乎口而为声者，其皆有弗平者乎！"这里的"不平则鸣"由物及人，说明人遇到不平之事就会发出不满的声音。反之，人若得公平，就会"不语"了。

一二二

一家养女百家求，一马不行百马忧。

【译文】

一家养育了女儿，百家都来求婚；一匹马不走，其他的马都跟着忧愁。

【点评】

此则旨在说明一人影响多人，一物影响多物。

个人或一物的存在或行为可能会影响到群体的行为。作为个体不能妄自菲薄，要相信自己存在的价值和意义，同时不能只顾自身利益，还要顾全大局。

一二三

有花方酌酒，无月不登楼①。

【注释】

①"有花方酌酒"二句：《宋元戏文辑佚·看钱奴买冤家债主》："（中吕过曲）（石榴花）千红万紫东风弄娇柔，做春色满皇州。点波心飞燕尾，翠纹浮。啄花乱落，莺嘴上红溜。等催花一两阵雨乍收，寻芳去凭肩携手。双双有花方酌酒，无月不去登楼。"酌，斟酒，喝酒。

【译文】

有花才值得饮酒，没有月光就不要登楼。

【点评】

此句旨在说有适当的条件才配做合适的事情。

　　饮酒赏花，登楼望月，是古代文人士大夫的一种雅兴。有些事情在适当的情境和条件下做才会更加美好，所谓锦上添花。

　　饮酒赏花、登楼望月的情景在古诗里俯拾即是。无论是李白"两人对酌山花开，一杯一杯复一杯"的豪放自在，还是李清照"东篱把酒黄昏后，有暗香盈袖"的浅吟低唱，都有一种"酒浓花艳两相宜"的美妙。唐朝的刘辟直抒胸臆："圆月当新霁，高楼见最明"，宋代的米芾登楼望远："目穷淮海满如银，万道虹光育蚌珍。"有关登楼望月，还有很多说不尽的佳话。

一二四

三杯通大道^①，一醉解千愁^②。

【注释】

①三杯通大道：指喝酒可以通晓高深的道理。李白《月下独酌》："三杯通大道，一斗合自然。"三杯，此用借代手法，指三杯酒。古代的"三"常为虚指，此处的"三杯"也可理解为几杯酒。大道，高深的道理。

②一醉解千愁：一醉可以消解千万种愁绪。《全金元词》吴澄《木兰花慢·和杨司业梨花》："传闻天上玉为楼，此事付悠悠。且白昼风前，黄昏月下，烂熳同游。神疑藐姑冰雪，又何须、一醉解千愁。自有壶中胜赏，酿来玉液新蒭。"《全元散曲》不忽木《（仙吕）点绛唇·辞朝》："（游四门）世间闲事挂心头，唯酒可忘忧。非是微臣常恋酒。叹古今荣辱，看兴亡成败。则待一醉解千愁。"

【译文】

三杯酒喝下去，可以通晓高深的道理；一醉可以解除千万种愁绪。

【点评】

本则旨在说喝酒的效用。

　　在此则看来,喝酒可以使人通大道,也可以使人解千愁。其实,借酒消愁只能使人忘却一时的忧愁,并不能从根本上解决问题,而且还可能酒后愁更愁。"万斛新愁付杯酒,恶知酒后愁更多。"最好的消愁之法,是直面现实问题。

　　李白在《侠客行》一诗中说:"三杯吐然诺,五岳倒为轻。"几杯酒下肚就做出了承诺,并且把承诺看得比五岳还重。可见,喝酒还易于使人生出豪情、做出承诺。但很多酒后承诺往往难以兑现,结果就会招致怨恨。所以,还是要防止酒后失言。

一二五

深山毕竟藏猛虎,大海终须纳细流①。

【注释】

①大海终须纳细流:《史记·李斯列传》:"臣闻地广者粟多,国大者人众,兵强则士勇。是以太山不让土壤,故能成其大;河海不择细流,故能就其深;王者不却众庶,故能明其德。"纳,接收。

【译文】

深山里毕竟会藏有勇猛的老虎,大海终究要容纳细细的水流。

【点评】

此则说明有容乃大。

　　山深林密,所以才能藏得下体形硕大的猛虎;大海深阔,所以才能接收细细的流水。同理,人要有宽广的胸怀,才能接纳各色人等,容纳各种意见,听进不同声音,团结各方人士,成就一番大业。

一二六

惜花须检点①,爱月不梳头。

【注释】

①惜花：爱花。检点：注意约束自己的言行。

【译文】

爱惜鲜花，就要约束自己的行为，不攀折花枝；爱惜月亮，就无需梳妆打扮后再去欣赏。

【点评】

此则旨在表达对美好事物的爱惜之情。

鲜花美丽，是它长在花枝上时；月亮美丽，是它高挂夜空时。如果摘花自占，花的美丽将不会长久，所以只可远观，不可亵玩；如果对月梳头，那么就不能专注赏月。这都不是真正的爱惜。爱惜的行为是尊重而不是占有，是专心而不是分心。

此句还有一层意思，做人要检点，要爱惜自己的名声和道德。不随手拈花，不三心二意。

一二七

大抵选他肌骨好，不傅红粉也风流①。

【注释】

①"大抵选他肌骨好"二句：《侯鲭录·圆通禅师所作颂》："圆通禅师秀老，本关西人，立身峻洁如铁壁，得法于义怀禅师，不肯出世，作颂云：'谁能一日三梳头，撮得鬐根牢便休。大抵是他肌骨好，不施红粉也风流。'"《五灯会元·报恩法演禅师》："汀州报恩法演禅师，果州人。上堂，举俱胝竖指因缘，师曰：'佳人睡起懒梳头，把得金钗插便休。大抵还他肌骨好，不涂红粉也风流。'"大抵，大概。选，一作"还"。肌骨，指肌肤、容颜。红粉，指女性梳妆打扮用的脂粉。风流，风韵美好。

【译文】

大概是父母生他的肌肤体态好，不用涂脂抹粉也俏丽风流。

【点评】

本则言真正的风流无需刻意修饰。

真正风流的男子或美丽的女子，无需靠涂脂抹粉来装扮自己，而自能风采照人，"清水出芙蓉，天然去雕饰。"

《世说新语》里就描述了很多风韵生动的男子。他们风姿俊朗，犹如珠玉。如裴楷就是一位生来肌骨好的美男子，"裴令公有俊容仪，脱冠冕，粗服乱头皆好，时人以为'玉人'。"周济在《介存斋论词杂著》中有言："毛嫱、西施，天下美妇人也，严妆佳，淡妆亦佳，粗服乱头，不掩国色。"毛嫱、西施这些美人天生丽质，或略施粉黛，或盛装浓抹，都可以驾驭。正如苏轼所言："欲把西湖比西子，淡妆浓抹总相宜。"

一二八

受恩深处宜先退，得意浓时便可休[①]。莫待是非来入耳，从前恩爱反为仇[②]。

【注释】

①得意浓时便可休：《全宋词》晦庵《满江红》："胶扰劳生，待足后、何时是足。据见定、随家丰俭，便堪龟缩。得意浓时休进步，须知世事多翻覆。漫教人、白了少年头，徒碌碌。"《鹤林玉露》卷四："此词或传朱熹作，朱熹云非。"休，停止。

②仇：仇恨。

【译文】

受到他人恩宠多了，就应知道后退；事情做得得意时，就宜适可而止。不要等到矛盾是非传入耳朵时再罢手，那时从前的恩爱反而都变成了怨仇。

【点评】

此则旨在知足知退，适可而止，是古人物极必反辩证思维的体现。

古人深谙"月盈则亏""水满则溢"的道理，做任何事情都有个度，事物的发展超过了这个度就会走向它的反面。古代很多有识之士，都懂得该收手时就收手。如春秋时期的范蠡帮助越王勾践复仇后，选择功成身退，得以保全性命，安享余生。"遂乘轻舟以浮于五湖，莫知其所终极。"再如张良辅佐刘邦打天下，立下丰功伟绩，但他却"愿弃人间事，欲从赤松子游耳。"正因他"受恩深处"能够急流勇退，所以避免了"鸟尽弓藏、兔死狗烹"的结局，保全了性命。懂得适可而止，这是人生的一种大智慧。

一二九

留得五湖明月在^①，不愁无处下金钩。

【注释】

①留得五湖明月在：《说郛》："但得五湖明月在，春来依旧百花香。"五湖，我国的几个大湖，说法不一，一般指洞庭湖、鄱阳湖、太湖、巢湖、洪泽湖。

【译文】

只要五湖上的明月在，就不用担心没有地方下钩钓鱼。

【点评】

此则旨在说明困境时学会保存实力、着眼长远。

有句俗话说："留得青山在，不怕没柴烧。"只要还有一些基本条件在，通过努力就一定能够把事情做成功。它表现出一种眼光长远、不怕困难的自信精神。

人生难免会遇到困境，身处困境时，要学会保存实力，相信事情总会有转机，"牢骚太盛防肠断，风物长宜放眼量"。

一三〇

休别有鱼处，莫恋浅滩头^①。

【注释】

①"休别有鱼处"二句：南宋戏文《张协状元》："（丑）个丫头到官司，直是会供状。我便是着响个。（末）你只是没道理。孩儿，你先归去。（丑）我归去说与亚娘，不要你做老婆。（末）它不烦恼。（丑）你莫欺我，第一会读《蒙求》，第二会看水牛。（末）照管吃跌。（丑）自有钓鱼处，不在浅滩头。"恋，贪恋。浅滩，江河中水浅多石而水流很急的地方。这样的地方往往无鱼。

【译文】

不要轻易离开有鱼可钓的地方，不要贪恋水浅无鱼的滩头。

【点评】

本则旨在说明善于把握有利条件。

有时，人会这山望着那山高，总希望能够钓到更大的鱼。孰不知，如果不珍惜有鱼可钓的地方，换到另一个地方时，可能连鱼也钓不到了。因此，不要轻易放弃已有的有利条件。

任何事情都有两面性：安全的地方，利益也更少；危险的地方，利益也更多。浅水滩头安全，却无法行大船、钓大鱼、获大利。因此，不要贪恋它，到水深的地方才有大鱼，该出海时要出海，该搏浪时要搏浪。

一三一

去时终须去,再三留不住^①。

【注释】

①"去时终须去"二句:《全宋词》严蕊《卜算子》:"不是爱风尘,似
　被前身误。花落花开自有时,总是东君主。去也终须去,住也如
　何住。若得山花插满头,莫问奴归处。"

【译文】

该失去的东西终究会失去,再三挽留也是无益的。

【点评】

此则旨在教人学会看开、懂得放下。

对人而言,往往是"得则喜,失则悲"。然而,有些事物的逝去却是
人力所不能挽留的,比如青春的消逝、生命的终结之类。不该得到的就
不必强求,所谓"强扭的瓜不甜"。树立正确的"得失观",一切都让它顺
其自然,这样才能够得失泰然,宠辱不惊。

一三二

忍一句,息一怒;饶一着^①,退一步。

【注释】

①饶:让,宽恕。着(zhāo):下棋时走一步为一着。

【译文】

忍住少说一句话,就能够平息一次愤怒;让别人一着,别人也会退让
一步。

【点评】

此则是说做人要学会忍让。

忍让不是软弱,而是人与人之间和平共处的一种手段,是一种人际交往的智慧。生活中,不必为一点小事而大动肝火,得理不饶人。

"小不忍则乱大谋",《世说新语·雅量》中记载了很多名士的雅量。他们能在关键时刻忍耐,以免惹出更大的争端。有一次,王衍曾嘱咐一位族人办事,对方过了很久也没有动静。后来,在一次宴会上正巧碰到那族人,王衍就问:"之前我让你办的事怎么样了?"没想到那族人正在气头上,听到这话勃然大怒,拿起手中的食盒就摔在王衍脸上。王衍一句话也没有说,洗完脸走了。回去的路上,他对同伴王导说:"你看我的眼光,简直高过牛背。"言外之意是自己不计较挨打受辱之类的小事,王衍可真是"忍一句,息一怒"的典型。

而说到"饶一着,退一步",我们不禁想起"六尺巷"的故事,双方本来为争夺宅基地发生冲突,但因为自己让了邻居三尺,邻居自惭形秽,也退了三尺,所以产生了"六尺巷"。

一三三

三十不豪①,四十不富②,五十将相寻死路③。

【注释】

①豪:性格豪放,行为不拘常规。

②富:富裕。

③五十将相寻死路:一作"五十全仗子来助"。将相,将要。一作"相将""将近"。

【译文】

三十岁缺乏豪情,四十岁不能致富,到五十岁就要临近死亡了。

【点评】

此则旨在说明合适时段做合适的事，莫失其时。

本则语言直白，通俗易懂，令人警醒。人生的发展具有阶段性，要根据各个阶段的不同特点做相应的事情。这里的三十、四十、五十大概代指人生的三个阶段。年轻人，壮志豪情，冲劲十足，应该努力进取，奋发有为；中年人，壮年强盛，发展成熟，应当事业有成，财富满盈。这样才能为老年生活打下坚实基础，安享晚年。古代人寿命短，"人生七十古来稀"，所以有"五十将相寻死路"的说法。虽然，现在人寿命长了，但青壮之年做一番事业的古训，仍然具有现实意义。

本则还警示人们，勿失生命之时，错过难以补救。贯华堂所藏古本《水浒传》前有施耐庵序云："人生三十而未娶，不应更娶；四十而未仕，不应更仕；五十不应为家，六十不应出游。何以言之？用违其时，事易尽也。"虽然这些具体年龄段该做什么事的说法值得推敲，但表达的含义令人深思。路遥在《人生》开篇题记中说："人生的道路虽然漫长，但紧要处常常只有几步，特别是当人年轻的时候。"如果年轻时萎靡不振、不思进取，中年时碌碌无为、一事无成，那么晚年就只能空留遗憾，徒作浩叹了。

一三四

生不认魂，死不认尸。

【译文】

人活着的时候，不认识自己的灵魂；死了以后，不认识自己的尸体。

【点评】

本则点明人的生死局限。

灵魂不灭论认为，人是有灵魂的，灵魂可以生死轮回，可是人活着的时候，无法看到它，这就是"生不认魂"；人死之后，万事皆空，当然不认得曾经寄居过的血肉之躯，这就是"死不认尸"。一个人纵有千般本事，万般能耐，却无法做到生前认魂，死后认尸。这就是人的生死局限。

这两句还有着更深刻的含义，"生不认魂"也可理解为活着时往往不认识真正的自己，看不清自己的目标和精神需求。"死不认尸"也是在说，身体只是一个皮囊而已，装着什么样的灵魂才是最重要的。所以，在有限的人生之旅中，你我皆匆匆过客，不念过往，不畏将来，如此安好。

一三五

父母恩深终有别，夫妻义重也分离。人生似鸟同林宿，大限来时各自飞①。

【注释】

①"人生似鸟同林宿"二句：《张协状元》："（旦白）谢荷公婆妾且归，（净）明朝依旧守孤帏。夫妻本是同林鸟，大限来时各自飞。"大限，死期。

【译文】

父母的恩情再深终究要与你分别，夫妻的情义再重也有分离的时候。人生就像鸟儿一样，虽然在同一个林子里居住，但当死期到来的时候，还是各自离去。

【点评】

本则感叹生命的无奈。

死亡是万事万物必然的结局。认清死亡这件事情，会更加珍惜活着的日子。好好珍惜父母的恩情、夫妻的情感、兄弟的情谊，珍惜身边的人。正如苏轼在《和子由渑池怀旧》中所言："人生到处知何似？应似飞鸿踏雪泥。泥上偶然留指爪，鸿飞那复计东西。"人生充满偶然和无常，以顺其自然的态度对待人生，会活得更加自在。

一三六

人善被人欺,马善被人骑。

【译文】

人太善良了,就容易被他人欺负;马太驯服了,就容易被人驾骑。

【点评】

此则旨在教人学会自我保护。

在作者看来,人太善良了就会吃亏。其实,是否被人欺,并不完全取决于人是否善良,而是有很多因素的,比如欺人者的恶劣品行。

善良是做人的一种良好品德。善良不是软弱,不是没底线。做人要善良,但不能因善良而吃亏,要学会自我保护。

一三七

人无横财不富,马无夜草不肥①。

【注释】

①"人无横财不富"二句:元张国宾《全元曲·相国寺公孙合汗衫》
第三折:"人无横财不富,马无野草不肥。我陈虎只因看上了李玉
娥,将他丈夫撺在黄河里淹死了。那李玉娥要守了三年孝满,方
肯随顺我。"横财,也作"外财",指意外侥幸得来的财物。夜草,
一作"野草"。

【译文】

人没有额外之财,就不会致富;马不在夜里吃草,就不会膘肥体壮。

【点评】

此则揭示横财与致富的关系。

横财在这里指意外之财、不义之财。不义之财可以使人短时间之内发家致富，但却是不光彩的，甚至是违法犯罪的。这样的财产来得快去得也快。还有的人，虽然得了不义之财，却害怕事情败露，整天担惊受怕，甚至因此精神恍惚。孔子云："不义而富且贵，于我如浮云。"本书也有一句："君子爱财，取之有道。"通过自己的辛勤劳动合理合法地获取财富，才心安理得。

一三八

　　人恶人怕天不怕，人善人欺天不欺。善恶到头终有报，只争来早与来迟①。

【注释】

①"善恶到头终有报"二句：《全唐诗续拾》令超《垂训诗》："行藏虚实自家知，祸福因由更问谁。善恶到头终有报，只争来早与来迟。闲中检点平生事，静坐思量日所为。常把一心行正道，自然天地不相亏。"

【译文】

　　凶恶的人，有人怕他，但天不怕他；善良的人，有人欺负他，但天却不欺负他。不论是行善还是作恶，到头来总会得到应有的报应，只是报应来得早一点或者晚一点罢了。

【点评】

　　本则讲善恶报应，旨在劝人向善。

　　这里的善恶报应带有宿命论的色彩。但"善有善报，恶有恶报"还是有一定的道理的。一个人做了善事，给他人带来了益处，自己也会感到幸福。这就是"善有善报"。一个人做了恶事，给他人带来了伤害，被他人憎恨，被社会法律惩罚，由此自己也就尝到了恶果。这就是"恶有恶报"。

善恶报应不能依赖于上天冥冥之中的力量,最重要的还是要建立良好的社会机制,健全法律法规,惩恶扬善。

一三九

黄河尚有澄清日,岂可人无得运时^①。

【注释】

①"黄河尚有澄清日"二句:南宋戏文《张协状元》:"几番焦燥,命直不好,埋冤知是几宵。受千般愁闷,万种寂寥,虚度奴年少。每甘分粗衣布裙,寻思另般格调。若要奴家好,遇得一个意中人,共作结发,夫妻谐老。(白)古庙荒芜怕见归,几番独自泪双垂。黄河尚有澄清日,岂可人无得运时。"

【译文】

黄河里的水还会有澄清的那一天,人怎么会没有行好运的时候呢。

【点评】

此则旨在强调每个人都会时来运转,事情是发展变化的。

黄河水从上游带着大量泥沙东归入海,想让黄河由混浊变得清澈并非易事。古人有"千年难见黄河清"的说法,但黄河总归是有变清的时候。"三十年河东,三十年河西",事情都是发展变化的。此则给人信心和力量,相信经过不懈努力,好运终将到来。"机遇只偏爱有准备的头脑"。

一四〇

得宠思辱,安居虑危^①。

【注释】

①安居虑危:《左传·襄公十一年》:"《书》曰:'居安思危,思则有

备,有备无患。'"

【译文】

得到恩宠时,要想到可能受侮辱的时候;处在平安的境地,要想到可能处于危险的情形。

【点评】

本则旨在说明要有危机意识,充满辩证思想。

前文"受恩深处宜先退,得意浓时便可休"与此类似。宠辱、安危,都不是一成不变的,会根据条件的变化而互相转化。因此,要有这种转化的意识,有备无患才可以免辱避危。一个家庭、一个国家、一个民族,都要有居安思危的思想和行动,这样才能保持和平稳定与长久发展。魏徵曾给唐太宗上疏道:"不念居安思危,戒奢以俭,德不处其厚,情不胜其欲,斯亦伐根以求木茂,塞源而欲流长者也。"魏徵的建议表现了一位政治家的深谋远虑。

一四一

念念有如临敌日^①,心心常似过桥时^②。

【注释】

①念念:每一个念头。

②心心:每时每刻的心理;过桥:指过独木桥,比喻生活在有危险的地方。

【译文】

思想上永远应该像面临大敌一样警惕,心理上永远应该像过独木桥一样谨慎。

【点评】

本则教人要时刻保持谨慎的状态。

《诗经·小雅·小旻》云:"战战兢兢,如临深渊,如履薄冰。"谨小慎微是做好事情的一个重要条件,"诸葛一生唯谨慎"。但如果时时刻刻都处在一种高度谨慎的状态,可能也会限制人们的思考力、创造力和执行力,正像前文所说"人太紧则无智"。因此,谨慎的意识要有,但也要适可而止。

一四二

英雄行险道,富贵似花枝①。

【注释】

①"英雄行险道"二句:《石屏诗集·赠郭道人》:"灭性能安乐,深居绝是非。英雄行险道,富贵隐危机。纸被如棉软,藜羹胜肉肥。苍苔满山径,最喜客来稀。"险道,险恶的道路。

【译文】

英雄行走的是充满危险的道路,富贵就像枝头上的花一样不长久。

【点评】

此则言成之有险,守之亦难。

英雄所做的事情充满了风险,可能成功,也可能失败。富贵就像枝头上的花朵,有开有落。凡事都有两面性。要看到英雄的伟大与成功,也要看到他们的艰难与危险。要看到富贵的风光与华丽,也要看到繁华过后的落寞。

一四三

人情莫道春光好,只恐秋来有冷时。

【译文】

不要说人情永远像春光一样和煦美好，只怕也有像秋天冷清的时候。

【点评】

本则在说人情冷暖。

人与人之间关系的维系，需要双方共同的努力。两人互尊互敬、互帮互助时，人情才会如春光一般美好，否则，这种美好的关系就很难维系。本书另一则"有茶有肉多兄弟，急难何曾见一人"可与本则互证。"有酒有肉"的时候，人们与你称兄道弟，那是"春光好"；"急难"的时候，没有一个人出来帮忙，那是"秋来有冷时"。作者用"春光"和"秋冷"的对比，来描述人情得意与失意的状态，生动形象，易于理解。

一四四

送君千里，终须一别①。

【注释】

①"送君千里"二句：《不伏老》："（小上楼）你如今英雄未老，行藏难料。实指望千载奇逢，万里封侯，一品随朝。铜柱标，金瓯罩，姓扬名耀。不杠了苦心人，竭忠尽孝。（副末）常言送君千里，终须一别。少得留恋！"

【译文】

送君千里，终究还是要分别的。

【点评】

此句旨在教人学会释然。

"送君千里"，说明了情谊之深重；"终须一别"，表达了分别的无奈。

离别是一件让人伤感的事情，江淹在《别赋》开篇即言："黯然销魂者，唯别而已矣！"特别是在古代，出门远行一别数月，甚至经年，"别时容易见时难"。

　　所以,在离别时,人们折柳相送,以表达"挽留"之意。同时,人们也创造了许多熨帖人心的诗词,宽慰人们因离别而伤感的心,如"海内存知己,天涯若比邻。无为在歧路,儿女共沾巾"。如"莫愁前路无知己,天下谁人不识君"。

一四五

　　但将冷眼看螃蟹,看你横行到几时①。

【注释】

①"但将冷眼看螃蟹"二句:元杨显之《秋夜雨》剧:"正是:'常将冷眼看螃蟹,看你横行到几时。'"冷眼,冷静客观的态度。

【译文】

且用冷静的态度来看螃蟹,看你能横着爬行到什么时候。

【点评】

本则旨在静待横恶势力受到惩罚。

　　螃蟹走路是横着爬行的,这里用螃蟹来比喻恶人横行霸道。此则常被用来表达人们对邪恶势力的不满和愤慨。当人们没有力量去打击邪恶势力时,就只能把愤怒压在心底,静候他们自取其咎那一天的到来。所以说"看你横行到几时"。

　　抗日战争时期,齐白石闭门谢客,多次拒绝为日寇作画。然而日本人不断施加压力,最后,他无奈之下提笔画了四只螃蟹,落款为"看你横行到几时",日本人看到后大为愤怒。齐白石的行为表现出一个有良知的中国人的气节。

一四六

见事莫说，问事不知。闲事莫管，无事早归①。

【注释】

①"见事莫说"四句：《苕溪渔隐丛话》："世间俚语，往往极有理者，如'闻事莫说，问事不知，闻事莫管，无事早归'。若能践此言，岂有不省事乎？又'少吃不济事，多吃济甚事，有事坏了事，无事生出事'。若能守此戒，岂复为酒困乎？"

【译文】

看见的事情不要乱说，别人来问事就说不知。遇到闲事不要管，无事要办就早点回家。

【点评】

此则劝人明哲保身，不惹是非。

这是古人避祸思想的一种反映，与"事不关己，高高挂起""各人自扫门前雪，哪管他人瓦上霜"等如出一辙。

这种思想有一定的道理，可以使自己少惹麻烦与是非，然而，也容易造成人际交往的冷漠。

一四七

假饶染就真红色，也被旁人说是非①。

【注释】

①"假饶染就真红色"二句：《元本琵琶记》："雪隐鹭鸶飞始见，柳藏鹦鹉语方知。（生）假饶染就绀红色，也被旁人说是非。"假饶，即使。一作"假缎"。染就，染成。

【译文】

即使染成了真正的红色,也会遭到他人的非议的。

【点评】

本则说明假的真不了。

本则不是很好理解。"假饶"作"即使""纵使"解,则全句没有具体的主语。我们不知道是什么染成真正的红色,也会遭他人非议。该则也作"假缎染就真红色,也被旁人说是非",若如此则相对容易理解:假的绸缎即使染成了真正的红色,也会遭到他人非议。

我们可以把对本句的理解重点落在真假的辨别上。假的就是假的,不管怎么伪装,也逃不过世人的眼睛,所以永远不要弄虚作假。

本句理解的重点还可落在是非的讨论上。"假饶染就真红色",已经由"假红色"变成"真红色"了,也仍然有人说是非。这就是说,不论真假,总会有人说是非的。做事情要做到"无可非议"是很难的。这就提醒世人,做好自己才是最重要的,不要去管他人的是非评论。

一四八

善事可作^①,恶事莫为^②。

【注释】

①善事:好的事情。

②恶事:邪恶的行为或事情。

【译文】

好的事情可以做,邪恶的事情不能做。

【点评】

此则劝善戒恶。

张潮在《幽梦影》中说:"凡事不宜痴,若行善则不可不痴。"只有行善是可以痴心去做的,正像前文所说:"但行好事,莫问前程。"《周易·文言》云:"积善之家,必有余庆;积不善之家,必有余殃。"即积德行善的人家,一定有福泽惠及子孙;作恶多端的人家,一定会给后代留下祸殃。

一四九

许人一物,千金不移①。

【注释】

①"许人一物"二句:元同恕《榘菴集》:"民之被其惠利者,久而后益,知其不可复得也。轻财重义,一诺之许,千金不移。"

【译文】

答应送给别人的东西,即使有人用千金来换也不能改变。

【点评】

此则指做人要重言诺,讲信用,不能见利忘义。

中国人特别重视信守诺言,讲究信用。如"君子一言,驷马难追""言必信,行必果""一言九鼎"等都是形容这种品格的。

季布"一诺千金"的故事与此则相通。《史记·季布栾布列传》记载:秦朝末年,楚地有个叫季布的人,性情耿直,为人侠义。只要他答应过的事情,无论有多大困难,他都设法办到,从不失信,因此有"得黄金百斤,不如得季布一诺"的说法。

只有人人都讲信用,这个社会才值得信任,社会公信力才能大大提升。如果都见利忘义,随意改变承诺,整个社会秩序就会混乱。

一五〇

龙生龙子①,虎生豹儿②。

【注释】

①龙生龙子：《祖堂集·丹霞和尚》："师曰：'大深远生！'侍者曰：'佛眼觑不见。'师曰：'龙生龙子，凤生凤子。'侍者举似国师，国师便打侍者。"

②虎生豹儿：老虎生下像豹子的孩子一样。因老虎幼时和豹子长得很像，所以这么说。豹，一作"虎"。

【译文】

龙生的是小龙，虎生的是虎崽。

【点评】

此则讲遗传。

人们还常说"龙生龙，凤生凤，老鼠的儿子会打洞。"从遗传学的角度看，有什么样的物种，就会生什么样的后代。这是物种得以保存和延续的重要原因。其实，遗传不仅是生理上的遗传，也是精神上的遗传。所谓"老子英雄儿好汉"是也。

一五一

龙游浅水遭虾戏，虎落平洋被犬欺①。

【注释】

①平洋：平川，地势平坦之处。一作"平阳"。

【译文】

龙游到水浅处会遭到小虾的戏弄，老虎到了平川上会被狗欺负。

【点评】

此则讲失利的困境。

纵然龙可以呼风唤雨，虎可以震啸山林，但地方不对、时间不对，落入困境时，即使有千般本事也施展不出来。龙虎在古代常常用来指代有权有势的人,所以这两句以龙和虎比拟人不逢天时、不得地利,陷入困境时的落魄状态。还有相似的语句叫"得志犬猫强似虎,失时鸾凤不如鸡"。

一五二

一举首登龙虎榜,十年身到凤凰池^①。

【注释】

①"一举首登龙虎榜"二句:《梦溪笔谈·讥谑》:"张唐卿进士第一人及第,期集于兴国寺,题壁云:'一举首登龙虎榜,十年身到凤凰池。'有人续其下云:'君看姚晔并梁固,不得朝官未可知。'后果终于京官。"龙虎榜,指同一时期的社会知名人士同登一榜。此指朝廷公布的科举录取名单。《新唐书·欧阳詹传》:"举进士,与韩愈、李观、李绛、崔群、王涯、冯宿、庾承宣联第,皆天下选,时称'龙虎榜'。"凤凰池,本是皇官禁苑中的池沼。魏晋时期,称中书省为"凤凰池"。到唐代,宰相称同中书门下平章事,故多以"凤凰池"指宰相职位。后世常把"龙虎榜"与"凤凰池"并举。

【译文】

一旦登上了进士榜,十年之后就可以在朝廷里出任高官了。

【点评】

此则讲功成名就,劝人向学。

中国古人的功名是与科举考试、读书做官联系在一起的。刻苦读书是为了通过科举考试,获取功名,一旦成功就有登上"龙虎榜"的荣誉,身居"凤凰池"的高职,光宗耀祖、名利俱得。在高回报的强大诱惑下,无数读书人焚膏继晷,皓首穷经。这两句正是借此以激励世人刻苦用功,追求功成名就。有一首《劝学诗》(作者不详),为了劝勉男儿读书,列出种种好处：

> 富家不用买良田，书中自有千钟粟。安居不用架高堂，书中自有黄金屋。娶妻莫恨无良媒，书中有女颜如玉。出门莫恨无人随，书中车马多如簇。

这首诗中的"书中自有黄金屋""书中有女颜如玉"成了名句。通过读书出仕所获的好处确实诱人，但其境界不高，是一种功利读书观，表现出古人对读书的狭隘理解。如果读书只是为了获得个人私欲的满足，将会出现虽然饱读诗书、但一心为己的自私自利之人，如钱理群教授所言"精致的利己主义者"。这是不足取的。

一五三

十载寒窗无人问，一举成名天下知①。

【注释】

①"十载寒窗无人问"二句：宋洪迈《夷坚志·汪八解元》："德兴汪远之，行第八，赴省试。其兄及之在家，梦一驿步至，立于廷曰：'十年勤苦无人问，一日成名天下知。八解元过省，嗒嗒。'后三日，报牓人来，大呼前三句，及连唱嗒，与梦中不少差。夫以一走卒唱嗒，亦先见于梦，岂得谓之不前定乎！"寒窗，冬日寒冷的窗前，比喻艰苦的学习环境。

【译文】

十年寒窗苦读没有人问候；一旦榜上有名，天下的人都知道了。

【点评】

此则旨在激励人勤学苦读，以求功名。

古人读书大都是为了能够考取功名，这样可以扬名天下，光宗耀祖。寒窗苦读是辛苦的，但成名之后的效益也是非常大的。这确实是科举考试的实际情况。所以,古代无数读书人,不惜数十年寒窗苦读,把考取功名作为人生第一追求。

也有很多有才之士因为没有科举成功而一生落寞卑微的,比如蒲松龄,因未中科举抱憾终生,当时未必能够天下知,但因仕途失意而创造出流传后世的小说《聊斋志异》,恰恰是真正的"天下知"了。

一五四

酒债寻常行处有,人生七十古来稀^①。

【注释】

①"酒债寻常行处有"二句:杜甫《曲江二首》其二:"朝回日日典春衣,每日江头尽醉归。酒债寻常行处有,人生七十古来稀。穿花蛱蝶深深见,点水蜻蜓款款飞。传语风光共流转,暂时相赏莫相违。"酒债,因赊酒所负的债。寻常,寻与常都是古代长度单位,八尺为寻,一丈六尺为常。这里意为平常、经常。行处,随处、到处。

【译文】

喝酒欠债是很平常的,到处都有;但人能活到七十岁的,自古以来却非常稀少。

【点评】

此则说人生苦短,当及时行乐,是作者的一时意气之言。

《曲江二首》是乾元元年(758)杜甫在京师任左拾遗时所作。左拾遗是一个谏官。杜甫因为上疏救房琯,触怒了肃宗,从此为肃宗疏远。作为谏官,杜甫的意见却不被采纳,还暗藏着招灾惹祸的危机。所以他在诗里表达了借酒消愁之意。明乎此,就会对这首诗有比较准确的理解。

为何诗人到处赊账买酒以图醉呢?因为"人生七十古来稀"。意谓人生苦短,既然不得行其志,就"莫思身外无穷事,且尽生前有限杯"

吧。明末清初学者仇兆鳌注曰："酒债多有，故至典衣；七十者稀，故须尽醉。二句分应。"宋代诗评家吴可《藏海诗话》："世传'酒债寻常行处有，人生七十古来稀'，以为寻常是数，所以对七十。老杜诗亦不拘此说，如'四十明朝过，飞腾暮景斜'，又云'羁栖愁里见，二十四回明'，乃是以连绵字对连绵数也。以此可见工部立意对偶处。"

现在人们常用此二句指想要高寿不容易。虽然今天人的寿命普遍延长了，但七十岁以后身体健康和精神状态却未必好。寿命有限，人应该趁年轻多学习、多做事，以无愧此生。

一五五

养儿防老，积谷防饥①。

【注释】

① 积谷防饥：《全唐文补编·辩才家教序》："栽树防热，筑堤防水。积行防衰，积谷防饥。憨读诗书，自然知足。"谷，粟的别称。泛指粮食。

【译文】

养育儿女是为了防止年老了无所依靠，积储粮食是为了防备饥荒岁月。

【点评】

此则讲"有备无患"。

做事情不能只顾眼前，要深谋远虑。古代社会，"重男轻女"思想严重，"嫁出去的闺女，泼出去的水"。在家庭里，儿子是赡养老人责无旁贷的人。所以古时生养儿子，除了传宗接代，还有一个重要目的就是防止年老时无依无靠。由此也可理解为什么很多人一定要生养儿子才罢休。当今社会，男女平等。儿女都有赡养老人的义务，社会养老体系也日渐完善，人们不必再执着于"养儿防老"了。

　　古代农民主要靠天吃饭,常因天灾人祸发生饥荒。一旦饥荒来临,人们要么苦苦支撑,要么乞讨求生,甚至会被活活饿死。为了防止发生饥荒,人们就形成了"积谷防饥"的意识。现在,我国已进入"小康社会",人们不必再有"积谷防饥"之虑,但节约粮食的传统还是应该继承,预防灾害发生的忧患意识还是应该保有。

一五六

　　鸡豚狗彘之畜,无失其时。数口之家,可以无饥矣[1]。

【注释】

[1]"鸡豚(tún)狗彘(zhì)之畜"四句:《孟子·梁惠王上》:"五亩之宅,树之以桑,五十者可以衣帛矣;鸡豚狗彘之畜,无失其时,七十者可以食肉矣。百亩之田,勿夺其时,数口之家可以无饥矣。"豚,小猪,亦泛指猪。《说文解字》:"豚,小豕也。"彘,古代指野猪,或泛指一般的猪。畜,禽兽,这时专指家养的禽兽。

【译文】

不耽误鸡、猪、狗等家畜的繁殖时机,有几口人的家庭也不会挨饿了。

【点评】

本则是说不要错失家畜繁殖的时机。

　　在孟子看来,适时繁育牲畜,应时耕种粮食,人们就可以过上丰衣足食的生活了。这里只是截取了其中几句,其中的关键是,要顺应牲畜的繁育时期,顺应农作物的生长时间,勿夺农时。

一五七

　　常将有日思无日,莫把无时当有时[1]。

【注释】

①"常将有日思无日"二句：明汪砢玉《珊瑚网》："出入行藏要三思，世情更变斗星移。常将有日思无日，莫待无时思有时。"

【译文】

拥有的时候，要常常想到没有的日子；条件不好时，不要像条件优越时那样铺张浪费。

【点评】

此则讲"居安思危"。

这两句与"得宠思辱，安居虑危"思想一致。

"有"时，事事都好；"无"时，步步难行。日常生活要长远打算，才能细水长流。条件好、拥有多的时候，学会珍惜，懂得节约；条件不好时，适应现状，调整心态，积极谋求新的出路。当然，一旦拥有了美好生活，就不要好了伤疤忘了痛，要做到"常将有日思无日"。这是古人忧患意识的体现，本书还有很多类似的表述，如"养儿防老，积谷防饥"等。

一五八

时来风送滕王阁①，运去雷轰荐福碑②。

【注释】

①滕王阁：位于江西南昌，与湖北武汉的黄鹤楼、湖南岳阳的岳阳楼并称江南三大名楼。永徽三年（652），唐高祖李渊之子滕王李元婴调为洪州（今江西南昌）都督，因思念故地滕州（开始被封于山东滕州），次年（653）在洪州又建造了"滕王阁"。上元二年（675），洪州都督阎伯屿重修滕王阁，定于九月九日大宴宾客。九月八日晚，王勃前往交趾省亲，船泊于马当，距洪州七百里。相传他乘坐的船被风吹到阁下，才得以参加此次宴会，并当场作了

《滕王阁序》,"滕王阁"因此扬名天下。

②雷轰荐福碑:宋惠洪《冷斋夜话》:"范文正公镇鄱阳,有书生献诗甚工,文正礼之。书生自言:'天下之至寒饿者,无在某右。'时盛行欧阳率更书,荐福寺碑墨本直千钱。文正为具纸墨,打千本,使售于京师。纸墨已具,一夕,雷击碎其碑。故时人为之语曰:'有客打碑来荐福,无人骑鹤上扬州。'东坡作穷措大诗曰:'一夕雷轰荐福碑。'"后用"雷轰荐福碑"作为命运多舛的典故。

【译文】

交了好运时,就像风送王勃到滕王阁扬名一样顺利;运气不好时,就像要写荐福碑的碑文却被雷轰毁一样倒霉。

【点评】

这两句宣扬时运对人的影响。

其实,时机和运气就是各种各样的条件。各方面条件具备了,做事情就会顺利;条件没有了,做事情就困难。相传王勃能一夜之内行七百里,与风的帮助有关,但他能一举成名,则与自己的才华有关。荐福碑被轰与雷电有关,穷书生没有抄到碑文与他没有及时前往有关。所以,机会永远留给有准备的人,个人只有积极努力地创造好条件,才能享有好运气。

一五九

入门休问荣枯事①,观看容颜便得知②。

【注释】

①荣枯:兴盛与衰落。

②容颜:人的容貌与气色。

【译文】

进入他人的家门不必问日子过得好坏,只要观察一下主人的气色就知道了。

【点评】

此则讲要善于察颜观色。

人际交往中,要学会察颜观色,由此可以推测出人的生存境况、情感态度等丰富内容,据此可以做出相应反应。这也是高情商的表现。如果不注意察颜观色,有些事情直接莽撞相问,会触及他人不愉快的地方,导致交往失败。

一六〇

官清书吏瘦[①],神灵庙祝肥[②]。

【注释】

①书吏:各官署吏员的总称。一作"司吏"。

②庙祝:庙宇中管理香火的人。

【译文】

长官清廉,下属长得清瘦;神仙灵验,看管香火的人长得肥胖。

【点评】

此则讲相互关系与影响。

相关事物之间具有一定的联系。长官清廉,下属就不敢贪污腐化,不敢大吃大喝,所以会长得清瘦。神仙灵验,来烧香供奉的人多,庙宇里的钱财也多,看管香火的人的生活水平、伙食待遇也高,所以会长得肥胖。所以,看待事物时,不要就事论事,而要形成联系的思维,分析出事物之间直接或间接的联系,这样就能够由此知彼。

一六一

息却雷霆之怒[①],罢却虎狼之威[②]。

【注释】

①息却：平息，除去。雷霆之怒：形容人震怒、盛怒的状态。

②罢却：放下，去掉。

【译文】

平息掉像雷霆大发一样的怒气，放下如狼似虎一样的威风。

【点评】

此则劝人戒除怒气，调节情绪。

遇到一些不如意的事情时，有人怒火中烧，大发雷霆；有人耀武扬威，以势欺人。其实，"怒"与"威"都不是解决问题的好办法。从自身角度说，怒伤肝，不利于自我身体健康；从与他人交往角度讲，怒和威可能把他人吓跑，招致怨恨。

一六二

饶人算之本①，输人算之机②。

【注释】

①饶人：宽恕别人。算：胜算。本：根本。

②输人：承认己不如人，不争强好胜之意。机：事物发展的关键处。

【译文】

能够宽恕别人是处事能胜算的根本，承认不如别人是处事能够成功的关键。

【点评】

本则讲处事的策略。

饶人和输人，都是一种处事的智慧。这里的输人，表面上看是自己退了一步，输了一回，其实自己从中获得了更大的益处。

宋代惠洪的《冷斋夜话》记载了一则石曼卿的典故。石曼卿喜欢饮酒，也喜欢开玩笑。有一次，他从报慈寺出来，由于牵马的人疏忽，致使马受惊乱动，石曼卿摔了下来。随从惊恐异常，赶紧把他扶起来，周围的人都以为石曼卿一定会大发脾气。谁知，石曼卿慢慢地对牵马人说："幸亏我是石学士，假如我是瓦学士，不早摔成碎片了？"石曼卿待人宽厚，一个玩笑就轻松化解了尴尬的场景，真是位处事的高手。

一六三

好言难得，恶语易施①。

【注释】

①施：说出。

【译文】

对人有益的话很难听到，伤人的话却很容易说出。

【点评】

本则指恶语易伤人。

说话是一门艺术。话不在多，而在恰到好处。"良言一句三冬暖，恶语伤人六月寒。"说话时要防止恶语伤人。说话也要注意场合，否则会暴露你的情商。《汉书·盖宽饶传》记载，皇太子的外祖父平恩侯许伯搬入新居，大臣们去祝贺。酒兴正浓，音乐初起，盖宽饶仰头视屋说："美则美矣！但富贵无常，谁知什么时候就换了主人，这就好像旅店一样，来往的人多啦！"虽然盖宽饶的本意是借机奉劝主人谨慎行事，方得长久。但在为人庆贺的场合，说出这样的话语，难免让人扫兴。

一六四

一言既出，驷马难追①。

【注释】

①"一言既出"二句：由《论语·颜渊》"驷不及舌"演化而来。《邓析子·转辞》："一言而非，驷马不能追；一言而急，驷马不能及。"宋欧阳修《笔说·驷不及舌说》："俗云：'一言出口，驷马难追'，《论语》所谓'驷不及舌也'。"驷马，指同驾一车的四匹马。

【译文】

一句话说出口，四匹马拉的车也追赶不回来。

【点评】

此则教人说话要谨慎，并信守承诺。

这句话包含了两层含义。一是说话要谨慎。说出口的话，即使用跑得快的四匹马拉的车也追不回来了。因此，不要轻易说话，更不要轻易许诺别人。二是说话要守信。言出必行，说到做到。

本则与"许人一物，千金不移"具有相似的含义，是中国人重言诺的体现。

一六五

道吾好者是吾贼，道吾恶者是吾师①。

【注释】

①"道吾好者是吾贼"二句：《荀子·修身》："故非我而当者，吾师也；是我而当者，吾友也；谄谀我者，吾贼也。"

【译文】

说我好话的人是害我的人，讲我缺点的人是我的老师。

【点评】

此则从自我修养的角度，谈如何才能使自己进步。

　　本则对批评自己的人持了一种赞赏态度,这种态度和胸怀是值得肯定的。别人敢于指出自己的缺点,才能使自己更好地认识自己,有则改之,无则加勉。

　　对于他人"道吾好"与"道吾恶"还是应该辨析的。有种"道人好"叫捧杀,即过分夸奖或吹捧,使人骄傲自满甚至堕落失败。这样的"道人好"真的是害人不浅。《庄子·盗跖》有言:"好面誉人者,亦好背毁之。"就是说喜欢当面赞誉人的人,也喜欢背后诽谤人。反之,有些敢于真言相谏、当面批评的人,倒是胸怀坦荡、以诚相待的诤友。当然,有的人是不怀好意,恶语中伤,这样的人也是害人的贼。

　　类似本则的格言警句还有很多。例如"闻善言则拜,告有过则喜""开敢谏之路,纳逆己之言""良药苦口利于病,忠言逆耳利于行"等等。这些都是告诫人们要多听批评意见,少听阿谀奉承之词。

一六六

路逢险处须当避,不是才人莫献诗①。

【注释】

①"路逢险处须当避"二句:《五灯会元》:"师曰:'路逢剑客须呈剑,不是诗人莫献诗。'清曰:'诗速秘却,略借剑看。'"路逢险处须当避,一作"路逢剑客须呈剑"。

【译文】

路上遇到危险之处应当躲避,不要向没有才学的人献诗。

【点评】

本则前一句讲避害,后一句讲知音。

遇到危险就应当避开,这是人之常情。《老子》第五十章云:"盖闻善摄生者,陆行不遇兕虎,入军不被甲兵,兕无(所)投其角,虎无所措其爪，兵无所容其刃。夫何故？以其无死地。"老子认为，善于养生的人，能够避开各种攻击，因为他们不入危险之地，善于避害。

向不懂诗的人献诗，无疑对牛弹琴，正确的做法是前文所言的"诗向会人吟"。值得注意的是，另一个版本"路逢剑客须呈剑"似乎与"不是才子莫献诗"更为对称，都是指做事要匹配对象，恰到好处，宝剑才能配侠客，才子才能懂好诗。

一六七

三人同行，必有我师焉；择其善者而从之，其不善者而改之①。

【注释】

①"三人同行"四句：《论语·述而》："子曰：'三人行，必有我师焉：择其善者而从之，其不善者而改之。'"善者，好的方面。

【译文】

几个人一起走路，其中一定有值得我学习的老师；选择他们身上的长处加以学习，看到他们身上的不足就要引以为戒，加以改正。

【点评】

此则讲"善师"，即善于随时随地选择可以学习的人和事。

良好的态度与正确的方法，对学习都是非常重要的。此则既表明了学习的态度——虚心向他人学习；也指明了学习的方法——从正反两方面来吸取优点、改进不足，促进自己的成长。

在《论语·子张》中，卫公孙问子贡："仲尼的学问是从哪里学来的？"子贡说："文武之道未坠于地，在人。贤者识其大者，不贤者识其小者，莫不有文武之道焉，夫子焉不学？而亦何常师之有？"子贡认为孔子无所不学，学无常师，关键是要善于学习。子贡的说法可与本则互证。

韩愈在《师说》中更是提出了"圣人无常师"的观点："圣人无常师。孔子师郯子、苌弘、师襄、老聃。郯子之徒,其贤不及孔子。"

唐杜甫在《戏为六绝句》中提出"转益多师是汝师"的观点,即不拘泥于一家之说,多方寻找老师,学各家之长,这样才能"兼听则明""博学广识",使自己不断成长。这也是一种"善师"的表现。

一六八

少壮不努力,老来徒悲伤①。

【注释】

①"少壮不努力"二句:汉乐府民歌《长歌行》:"青青园中葵,朝露待日晞。阳春布德泽,万物生光辉。常恐秋节至,焜黄华叶衰。百川东到海,何时复西归?少壮不努力,老大徒伤悲。"少壮,指年轻的时候。徒,只,仅仅。

【译文】

年轻的时候不努力,年纪大了就只能悲伤后悔了。

【点评】

本则劝人年轻时努力勤学。

这两句与唐代颜真卿的《劝学》诗十分相似:"三更灯火五更鸡,正是男儿读书时。黑发不知勤学早,白首方悔读书迟。"年少时时间充足,精力充沛,宜勤学苦读,不要等中年无成、老年无功时,再徒增后悔。

一六九

人有善愿,天必佑之①。

【注释】

①"人有善愿"二句:《法苑珠林》:"故经云:'人有善愿,天必从之。'斯言验矣。"佑,指天、神等的佑助。

【译文】

一个人有善良的愿望,上天也会保佑他。

【点评】

此则旨在"劝善"。

《老子》第七十九章云:"天道无亲,常与善人。"天道对于众生一视同仁,无偏无私,但上天又常暗中帮助那些善良的人们。宋代道教经典《太上感应篇》写道:"所谓善人,人皆敬之,天道佑之,福禄随之,众邪远之,神灵卫之,所作必成,神仙可冀。""人善人欺天不欺""善有善报"都与这两句意思一致。

吸引力法则表明,关注什么,就吸引什么。一个人有善愿,充满正能量,则能吸引更多同类,从而获得更多帮助。从这个意义上说,"人有善愿,天必佑之"的事情是会发生的。

当然,司马迁在《史记·伯夷列传》中也表达了对于天道的疑惑:"若伯夷、叔齐,可谓善人者非邪? 积仁洁行,如此而饿死。且七十子之徒,仲尼独荐颜渊为好学。然回也屡空,糟糠不厌,而卒蚤夭。天之报施善人,其何如哉? 盗跖日杀不辜,肝人之肉,暴戾恣睢,聚党数千人,横行天下,竟以寿终,是遵何德哉?"他列举善人伯夷、叔齐、颜回和恶人盗跖作对比,感叹天道不公,"余甚惑焉,倘所谓天道,是邪非邪?"

一七〇

莫吃卯时酒①,昏昏醉到西。莫骂酉时妻②,一夜受孤凄。

【注释】

①卯时酒：早晨起来喝的酒。早晨空腹，喝酒容易伤身，所以不建议饮"卯时酒"。古代用"子丑寅卯辰巳午未申酉戌亥"十二地支记时，一个时辰相当于现在两个小时。子时为晚上23点到凌晨1点，其余以此类推。卯时，相当于现在5～7点，此处指早晨。

②酉时：相当于现在的17～19点，此处指晚上。

【译文】

不要在早晨喝醉酒，这时喝醉会一直昏昏沉沉到晚上。不要在晚上骂妻子，否则会一夜孤孤单单没人理会。

【点评】

此则讲做事情要"得时"。

做事情要讲究时候，否则就会自受其害。早晨起来正是精力充沛的时候，如果一大早就喝了酒，昏昏沉沉自然无法干好事情。再者，早晨空腹喝酒，也有害身体健康。

夫妻之间出现矛盾，应该心平气和地协商解决，而不是通过打骂的方式来解决。本句中的骂妻现象，是古代大男子主义的一种反映。不仅"酉时"不能骂妻子，其他任何时间都不应该打骂妻子。夫妻之间应当相亲相爱，互尊互敬。现代社会打骂妻子，是家暴，可以诉诸法律。

一七一

种麻得麻，种豆得豆。

【注释】

①"种麻得麻"二句：原为佛教语，比喻因果报应关系。后比喻做什么样的事就会得到什么样的果。《涅槃经》："种瓜得瓜，种李得李。"

【译文】

种下麻的种子,就会收获麻;种下豆的种子,就会收获豆。

【点评】

此句可从不同角度理解。

一是讲生物遗传。种下什么种子,就会收获什么果实。这是生物遗传的特性所决定的。种错了种子,就无法得到自己想要的果实。

二是讲付出必有收获。只有前期在某一方面的付出,才会后期在某一方面有所收获。不劳而获,是不可能的。我们的时间、精力用在哪里,哪里最终就会有所收获。

三是讲因果关系。这两句也可喻指社会生活中类似的因果关系。《阅微草堂笔记·滦阳消夏录四》有言:"夫种瓜得瓜,种豆得豆,因果之相偿也。"人们常说的"善有善报,恶有恶报"与这两句也有类似之处。行善积德,就会有好的报应;作奸犯科,就会受到应有的惩罚。

一七二

天眼恢恢,疏而不漏①。

【注释】

①"天眼恢恢"二句:《老子》第七十三章:"天之道,不争而善胜,不言而善应,不召而自来,绵然而善谋。天网恢恢,疏而不失。"天眼,喻指天道的力量。恢恢,广大无边的样子。疏,松散。

【译文】

天网广大无边,虽然网孔稀疏,但绝不会遗漏一点事物。

【点评】

此则说天道力量广大,不会遗漏。

古人认为,违法犯罪早晚会受到上天的惩罚,这是古人天命观的体现。今天，人们用法律来惩罚违法犯罪的行为，所以说"法网恢恢，疏而不漏"。这就告诫那些犯了罪又企图逃避制裁的人，不要抱有侥幸心理，应该早日回头，投案自首；同时也告诫所有人不要做坏事，否则会受到惩罚。这两句话对震慑犯罪具有积极的意义。

一七三

见官莫向前，做客莫在后。

【译文】

看到官员不要向前凑，以免惹上是非；去做客时不要往后退，以免让主人为难。

【点评】

此则讲进退得宜。

这两句告诉人们，做事情要知道何事该向前，何事该退后。只有前后进退得当，才能把事情做得恰到好处。

因为封建社会官贵民轻，多数官吏常欺压百姓，百姓对此敢怒不敢言。所以见到官员还是赶紧离开。而到人家做客，应该大大方方，不要畏首畏尾，不然也会让主人家感到为难，因为他们还要想方设法消除客人的拘束心理，使客人有宾至如归的感觉。

一七四

宁添一斗①，莫添一口。

【注释】

①斗：量粮食的器具，这里代指一斗粮。

【译文】

宁愿多添一斗粮，不要多添一口人。

【点评】

此则讲不愿多添人口。

中国古代社会是以农业为主的自给自足的自然经济。农民主要靠天吃饭，粮食经常紧张。多一口人，就多一张吃饭的嘴，家庭生活就会越拮据。所以，人们不愿意多添人口。

这里的"一口"，也可作广义的理解，未必是指人，家里增添小狗小猫等小动物，也是"一口"。常言道："看门狗，家一口。"增添了这样"一口"，它的吃喝拉撒等事项也是要人操心的。从避免麻烦的角度，也还是"宁添一斗，莫添一口"。

一七五

螳螂捕蝉，岂知黄雀在后①。

【注释】

①"螳螂捕蝉"二句：《庄子·山木》："睹一蝉，方得美荫而忘其身；螳螂执翳（yì）而搏之，见得而忘其形；异鹊从而利之，见利而忘其真。"

【译文】

螳螂只顾捕捉眼前的蝉，哪里料到黄雀正在后面准备吃它。

【点评】

此则言思虑不周，顾前不顾后。

螳螂吃蝉，黄雀吃螳螂，这是一条生物链。螳螂只顾眼前的利益想着吃蝉，而没有顾及背后，已经被黄雀盯上了。这个典故在很多典籍中反复出现，比喻人目光短浅，没有远见。汉代刘向在《说苑·正谏》中云："园中有树，其上有蝉。蝉高居悲鸣饮露，不知螳螂在其后也；螳螂委身曲附欲取蝉,而不知黄雀在其傍也;黄雀延颈欲啄螳螂,而不知弹丸在其下也。此三者,皆务欲得其前利,而不顾其后之有患也。"汉代韩婴在《韩诗外传》中说:"螳螂方欲食蝉,而不知黄雀在后,举其颈,欲啄而食之也。"这一典故蕴含着深刻的道理,即做事情不能忽视前后左右相关联的事物;不能只看局部,而忽视全局。

一七六

不求金玉重重贵,但愿儿孙个个贤①。

【注释】

①贤:有德行,有才能。

【译文】

不追求家中有很多贵重的金银珠宝,只愿家中的儿孙个个贤能。

【点评】

本则讲重贤能而不重财富。

本则反映了古人的一种家教观,即不看重家中钱财多,而重视后代有德才。家中财富多自然很好,但这些东西毕竟是身外之物,而且未必会给子孙后代带来幸福,甚至可能会贻误他们的发展。若子孙都贤德有才,他们自然可以获得良好的社会地位和物质财富。因此,儿孙贤能比家中财富多更重要。有些富裕的家庭,依仗家境殷实,放纵孩子,结果培养出不肖子孙,把前辈筚路蓝缕积累的财富挥霍一空。可见,良好的家教胜过殷实的家境。

一七七

一日夫妻,百世姻缘①。百世修来同船渡,千世修来共枕眠。

【注释】

①百世:虚指,很多世代。

【译文】

能做一日的夫妻,这是几辈子才修来的缘分。百世的修行,才能获得两个人同船渡河的缘分;千世的修行,才能修来两个人同床共枕的缘分。

【点评】

此句讲珍惜夫妻缘分。

古人认为,男女能够结为夫妻,是前世双方不断修行的结果。夫妻关系是家庭关系的根本。只有夫妻和谐,才能有更好的亲子关系、婆媳关系等等;夫妻和谐关系到家庭幸福、社会稳定,所以应好好经营,使婚姻之树长青。

另一方面,这种珍惜缘分的思想,可以使人与人之相互尊重、彼此关爱,和谐共处,具有一定的积极意义。

一七八

杀人一万,自损三千①。

【注释】

①"杀人一万"二句:《全宋文》夏贵《与伯颜书》:"谚云:杀人一万,自损三千。愿勿废国力,攻夺边城,若行在归附,边城焉往?"损,减少。《全宋词》葛长庚《瑞鹤仙》:"赋情多懒率。每醉后疏狂,醒来飘忽。无心恋簪绂。漫才高子建,韵欺王勃。胸中绝物。所容者、诗兵酒卒。一两时,调发将来,扫尽闷妖愁孽。莫说。杀人一万,自损三千,到底觥觫。悬河口讷。非凤世,无灵骨。把湖山

牌印,莺花权柄,牒过清风朗月。且束之、高阁休休,这回更不。"

【译文】

杀死一万个敌人,自己这方至少也要损失三千人。

【点评】

此则讲两败俱伤。

杀死万名敌人,看起来取得了很大的胜利,但自己一方也至少损失三千人,也伤亡很大。所以双方都付出了很大的代价。

做任何事情都是有代价的。对于那些损人不利己的事情,最好不要去做。鲁迅先生言:"只有损人而不利己的事,我是反对的。"例如,在公共场合吸烟,不仅损害自己的身体,还影响他人的健康,就属于损人不利己。

《战国策·齐策》中,齐国想要攻打魏国,淳于髡讲了一则韩子卢追逐东郭逡两败俱伤的故事:"韩(子)卢者,天下之疾犬也。东郭逡者,海内之狡兔也。韩(子)卢逐东郭逡,环山者三,腾山者五,兔极于前,犬废于后,犬、兔俱罢,各死其处。田父(见)得之,无劳倦之苦,而擅其功。今齐、魏久相持,以顿其兵,弊其众,臣恐强秦、大楚承其后,有田父之功。'齐王惧,谢将休士也。"淳于髡通过这个故事,意在劝谏齐王不要进攻魏国。如果齐魏交战,士兵劳顿,百姓疲敝,获利的将会是秦国和楚国。

本则还有要止战的意思。如何止战?《孙子兵法·谋略篇》给出了答案:"夫用兵之法,全国为上,破国次之;全军为上,破军次之;全旅为上,破旅次之;全卒为上,破卒次之;全伍为上,破伍次之。是故百战百胜,非善之善也;不战而屈人之兵,善之善者也。"百战百胜,并不是最好的,毕竟一旦战争,双方都要死伤;不用武力而能让对方屈服,才是最理想的。

一七九

伤人一语,利如刀割[①]。

【注释】

①"伤人之语"二句:《荀子·荣辱篇》:"故与人善言,暖于布帛;伤人之言,深于矛戟。"

【译文】

一句伤害人的话,就像用锋利的刀割人一样厉害。

【点评】

本则劝人言语谨慎,不可恶语伤害他人。

有道是:"良言一句三冬暖,恶语伤人六月寒"。利刀伤人在身,恶语伤人在心。刀伤三两月可好,心伤可能终生难忘。本书还有两则与此类似:"利刀割体痕犹合,恶语伤人恨不消。""善言难为,恶语易施。"因此,说话不可不谨慎,千万不可恶语中伤他人。

一八〇

枯木逢春犹再发①,人无两度再少年。

【注释】

①发:发芽。

【译文】

枯萎的树木遇到春天还能再次发芽,人却不会有两次少年时期。

【点评】

此则劝人珍惜年少时光。

树木经历四季的轮回,可以有几番黄绿,但人生只有一次,具有不可逆转性,过去了也就永远过去了,不可能再回到从前。因此,人应该把握好生命中的每一个阶段。青少年时期,是人长身体、长知识、学本领的最佳时期,应当奋发有为,否则,正如前文所言:"少壮不努力,老大徒伤悲。"

一八一

未晚先投宿，鸡鸣早看天①。

【注释】

①"未晚先投宿"二句：《荆钗记》第十五出"分别"："〔老旦〕你未
　晚先投宿，鸡鸣起看天。逢桥须下马，过渡莫争先。古来冤枉事，
　皆在路途间。"

【译文】

趁着天色未晚，就要先找晚上住宿的地方；听到鸡打鸣了，就应该早
起看看天气。

【点评】

此则讲宜早做准备，未雨绸缪。

古人出行，主要靠步行或牛车、马车之类的交通工具。为了安全起
见，在天黑之前及早找到住宿的地方就显得特别重要。古代没有天气预
报，人们靠观察自然天象来判断天气的雨晴，为了早做准备，所以公鸡鸣
叫时就起来看天。这是古人"未雨绸缪"思想的体现。

今天交通便捷，人们也可以随时查阅天气预报，这两句话所说的内
容好像失去了具体指导价值。其实不然，它所揭示的做事应提前准备的
思想，具有长远而积极的意义。《礼记·中庸》说："凡事豫则立，不豫则
废。"凡事能做好准备，有利无害。

一八二

将相顶头堪走马①，公侯肚里好撑船②。

【注释】

①顶头：头顶。也作"额头"。堪：可以，能够。走：跑。

②公侯肚里好撑船：《玉环记》第四出《考试诸儒》："（梨花儿）（丑
扮试官末从上）风流试官宽肚皮，渴时吸尽三江水。多少鱼龙藏
在里，到晚来肚里相争戏。（末）老爷为何只吃水。（丑）做得清只
吃水。（末）怎么吃得这许多，（丑）宰相肚里好撑船。（末）难得
三江水都吃在肚子里罢。（丑）不是三江水，怎养得这许多鱼龙。"

【译文】

将军宰相的头顶上可以跑马，王公贵族的肚子里可以撑船。

【点评】

本则讲做人当宽宏大量。

将相的头顶上当然无法跑马，公侯的肚子里也不能撑船。这两句是
说他们气量之大，心胸之广，所谓"有容乃大"。王侯将相，都是承担大
事的人，要想能够担当重任，就必须宽宏大量。如果为人心胸狭窄、小肚
鸡肠，那么就不会有人跟随，而且会惹人反对，是成不了什么大器的。普
通人也应如此，这样才能与人相处更和谐。

娄师德是唐朝大臣，在武则天执政时期曾任宰相。据《新唐书·娄
师德传》，娄师德深沉有度量，有人对他恶言相向，他常以谦逊的方式避
免激化矛盾。同为重臣的狄仁杰很不喜欢娄师德，经常排挤他。武则天
问狄仁杰："你觉得娄师德有知人之明吗？"狄仁杰回答："我曾与娄师德
做过同僚，并不觉得他善于知人。"武则天说："我任用你，就是娄师德推
荐的，从这一点说，他确实知人啊。"就将娄师德的奏章拿给狄仁杰看。
狄仁杰感叹道："娄公真是品德高尚啊。我被他所宽容，竟然还毫不觉
察，我不如他太多了。"娄师德真可谓"公侯肚里好撑船"。

一八三

富人思来年①，贫人思眼前。

【注释】

①思:思量、考虑。

【译文】

富人常考虑明年的事情,穷人只考虑眼前的事情。

【点评】

本则讲眼光的长短。

常言道:"思路决定出路。"富贵之人,往往有长远的眼光;而贫穷之人,目光短浅,常常只思考眼前的利益。这就是富人富贵,穷人贫穷的原因之一。

另一方面,富贵之人因为衣食无忧,所以不必考虑眼前的柴米油盐;贫穷之人为生存所困,不得已只能先解决温饱问题。当然,这两句话有些片面,富人不一定思虑长远,穷人不一定只顾眼前,贫富不是眼光长短的根本原因。

一八四

世上若要人情好,赊去物件莫取钱①。

【注释】

①赊:赊欠。

【译文】

在世上如果要想取得好的人缘,赊给别人的东西就不要收钱。

【点评】

本则讲如何赢得良好的人际关系。

世间人情往来,若要处处通达,就要看破钱财这一关,不与人争小利,这样才容易给人厚道的印象,获得好的人际关系。反之,如果斤斤计较,唯利是图,就容易给人刻薄的感觉,长此以往,则会破坏人际关系。

　　比如《水浒传》里的宋江，人缘极好。他平时仗义疏财，待人诚恳，总是在别人最需要帮助的时候慷慨解囊，出手相助，不求回报，就像干旱时的及时雨一样。因此，人送外号"及时雨"，不管他走到哪里都受人尊敬。

　　好的人际关系是人生的宝贵财富，但以舍弃钱财换取人情的思想或做法具有很强的功利性，值得反思。这并不是获得好人情的最佳选择。一个人心地善良、乐于助人，自然能够获得好人缘。至于赊给他人东西要不要收钱，需视具体情况而定，人情不是靠金钱所能买到的，而且也要考虑对方的感受。

一八五

　　死生有命，富贵在天①。

【注释】

①"死生有命"二句：《论语·颜渊》："司马牛忧，曰：'人皆有兄弟，我独亡（无）。'子夏曰：'商闻之矣：死生有命，富贵在天。君子敬而无失，与人恭而有礼。四海之内，皆为兄弟也。君子何患乎无兄弟？'"

【译文】

　　人的生和死都是命中注定的，富足与高贵与否都是上天安排的。

【点评】

　　本则是一种宿命论观点。

　　宿命论宣扬人的吉凶祸福、生死贵贱等一切都是命中注定的，人所能做的就是顺应天命的安排，接受现实的状况。旧社会，统治阶级利用这种天命论来愚弄百姓，让他们安于贫穷和苦难。现在看来，这种观点应该给予抛弃。

　　人寿命的长短，一方面取决于父母的遗传，一方面取决于后天自己的保养与锻炼。而人的富贵也不能永保长久：生于富贵之家，如果自己不才，照样可以导致败落，成为贫贱之人；生于贫贱之门，如果自己努力，照样可以升至富贵。所以，富贵在我不在天。

一八六

击石原有火，不击乃无烟。人学始知道，不学亦徒然[①]。

【注释】

①"击石原有火"四句：唐孟郊《劝学》："击石乃有火，不击元无烟。人学始知道，不学非自然。万事须己运，他得非我贤。青春须早为，岂能长少年。"徒然，枉然，白白地。

【译文】

叩击石头就会产生火花，不去叩击连烟也不会产生。学习才会明白道理，不学习有道理也不明白。

【点评】

此则旨在"劝学"。

人非生而知之者。人能够掌握知识、懂得道理，不是天生的，而是后天学习得来的。一个人通过不断学习，逐渐积累起各种知识、明白各种道理，才能更好地立身于世。如果不学习就不明事理，枉来世上走一遭。

一八七

莫笑他人老，终须还到老[①]。

【注释】

①终须：最终要。

【译文】

不要笑话他人的衰老，自己总有一天也会衰老的。

【点评】

本则旨在尊老。

尊老爱幼是中华民族的传统美德。《孟子·梁惠王》中说："老吾老，以及人之老；幼吾幼，以及人之幼。"作为年轻人，应尊老敬老；作为老年人，不倚老卖老。如此，年轻人与老年人之间的关系才会更加和谐。

王朔曾质问年轻人："谁没年轻过，可你们老过吗？"每个人都终将老去，如何优雅地老去，或者如何安享晚年，也是一个很重要的人生话题。

一八八

但能依本分^①，终须无烦恼。

【注释】

①但：只要。依：依照，按照。本分：分内的事。

【译文】

只要能够安于本分做事，终究不会有太多烦恼。

【点评】

本则劝人守本分。

做人要安分守己。安分，就是守规矩，做好自己职责范围内的事情，不要做违背良心、违法乱纪之事。守己，就是要保持自身所具有的良好品格，不为外在的诱惑所改变。安分守己，遵纪守法，不胡作非为，就不会因行为不当而添加额外烦恼。唐白居易《咏拙》有言："以此自安分，虽穷每欣欣。"安分守己，不仅不会有额外烦恼，还可以过得踏实而欣喜。

与"安分"相对应的是"非分"。不要有非分之想，做非分之事。妄想得到本分以外的好处，做出本分以外的非法行为，必然会受到惩罚。

一八九

君子爱财,取之有道①。贞妇爱色,纳之以礼②。

【注释】

①"君子爱财"二句:《五灯会元·洞山晓聪禅师》:"瑞州洞山晓聪禅师,游方时在云居作灯头,见僧说泗州大圣近在扬州出现。有设问曰:'既是泗州大圣,为甚么却向扬州出现?'师曰:'君子爱财,取之以道。'后僧举似莲华峰祥庵主,主大惊曰:'云门儿孙犹在。'中夜望云居拜之。"道,途径,措施。

②纳之以礼:《礼记训纂》引宋代方性夫曰:"夫妇之道,合则纳之以礼,不合则出之以义。人伦之际,有所不免也。故先王亦存其辞焉。"

【译文】

君子喜爱钱财,也要通过正当的途径获得。贞妇也爱美貌,应用符合礼义的方式迎娶。

【点评】

本则讲做事须遵循道与礼。

钱财本身没有好坏之分,区别在于是否为正当途径获得。只有通过正当、合法的途径获得的钱财,才是符合道义的,才能够用得心安理得。反之,不择手段,甚至违法乱纪、伤天害理所得,必然会受到谴责与惩罚。因此,做什么事情都要讲究规矩,不损害道义。

爱美之心,人皆有之。用符合礼义的方式嫁娶,才符合伦理,才会夫妻和合。

一九〇

善有善报,恶有恶报①。不是不报,日子未到。

【注释】

①"善有善报"二句:《法苑珠林·报谢部》:"故经曰:'行善得善报,行恶得恶报。'"

【译文】

做好事就会有好的回报,做坏事就会有坏的回报。不是不报,而是时候还没有到。

【点评】

此则讲善恶因果报应。

虽然世界上的事未必都会一一报应,而且做善事有时还会得恶报,做恶事者却有善终,但总体上看,这样的事情是极少数的。

有的事情的回应可能当时就能见到,但有些事情一开始时可能还只是量的积累,还没有达到质的变化,当达到质的变化时,相应的反馈也就到来了。《汉书·董仲舒传》说:"积善在身,犹长日加益,而人不知也;积恶在身,犹火之销膏,而人不见也。非明乎情性察乎流俗者,孰能知之? ……夫善恶之相从,如景(影)响之应形声也。"

这种善有善报、恶有恶报的思想,虽然是因果报应的旧观念,但是有一定的合理性,它奉劝人们要多做善事,不做坏事,否则迟早会受到惩罚。

一九一

人而无信,不知其可也①。

【注释】

①"人而无信"二句:《论语·为政》:"子曰:'人而无信,不知其可也。大车无輗,小车无軏,其何以行之哉?'"信,讲信用。

【译文】

人若不讲信用,就不知道他还可以做什么事。

【点评】

本则讲"诚信"。

孔子认为，一个人不讲诚信，就像一辆车子没有关键部件一样，就不能灵活行驶了。所以，一个人如果不讲诚信，他在社会上可能寸步难行。

古代有很多精彩的守信故事。《后汉书·独行列传》记载了范式守信的故事。张劭与范式曾同在太学学习，后各自回乡，分手时，范式向张劭提出两年之后要去张劭家拜访，于是两人约定了见面时间。等到约定时间临近，张劭就请母亲杀鸡煮黍，准备接待范式，母亲说："分离两年，又相隔千里，怎么就能确定他一定来呢？"张劭说："范式是有信义的人，必定不会失约。"于是张母听从儿子的意见，准备了酒食，范式果然如期来到，升堂拜母，欢饮而别。后来张劭病逝，范式梦到张劭说自己何时去世、何时下葬，希望范式来见最后一面，范式于是千里奔赴，正好赶上张劭下葬，遂为之操办后事，事情完毕后才离开。在没有手机等便捷通讯工具的古代，范式的守信真是非常难得。

一九二

一人道好①，千人传实。

【注释】

①道：说。

【译文】

一个人说了一件好的事情，经过上千个人的传播就被认为是真实的了。

【点评】

本则讲从众心理和传播效应。

社会心理学的研究表明，人具有从众心理。从众心理实验研究表明,只有很少的人在实验中保持了独立性,没有从众。一个人对某件事情或某个东西大加称赞,经过众多人的附和传播之后,这件事情也被认为是真实的了。比如一个品牌的东西,经过一位权威人物的广告效应,众人趋之若鹜,这就达到"千人传实"的效果了。这和"一人传虚,百人传实"意义相同。当然,某件东西要经得住考验,最终还得靠自己的实力积累口碑。

从传播学的角度看,传播过程中会有一种放大效应,一传十,十传百,影响面越来越大。传播过程中还有一种扭曲效应,即随着传播范围的扩大,传播内容的真实性也会发生改变。人多嘴杂,可能就会"以讹传讹"。

作为具有主体性的人,面对他人的言辞或者广告传播,要保持独立思考的能力,做到不盲从、不轻信,谨慎辨析、理性判断,这样才能防止自己稀里糊涂地走上从众之路,也防止自己变成那个扭曲事实真相的人。

本则也写作"一人道好,千人传宝",表达的意思大致相同。

一九三

凡事要好,须问三老①。

【注释】

①三老:古代官职名。指掌管教化的乡官。乡、县、郡均先后设置。这里泛指有德行、有声望的老人。

【译文】

一切事情要想办得妥当,必须多请教经验丰富的老人。

【点评】

本则讲遇事问有经验的人。

在农业社会,老年人因为经历的事情多,所以经验丰富。年轻人应多向老年人请教。俗话说:家有一老如有一宝。另一方面,听取老年人的经验也包含了对他们的尊重,这也是一种人情世故。现在是信息时代,年轻人迅速掌握最新的科技信息,出现了年长的人向年轻人学习的情况。有句话说:以前,碰到不懂的事情问爷爷;现在,遇到不懂的事情问孙子。当然,"三人行,必有我师",互相学习,不懂就问,是一种好习惯。

一九四

若争小可①,便失大道。

【注释】

①小可:细小的、寻常的事物。

【译文】

如果只计较细微的事物,那么就会失去真正的道理。

【点评】

本则教人不过分纠结细微之物,喻指只顾眼前,就会失去长远。

做事如果过度追求细枝末节,就会因小失大。所谓"捡了芝麻,丢了西瓜"就是这个意思。有时,为了谋"大道",必须舍弃"小可"。

据《典故纪闻》记载,朱元璋攻克采石后,各位将领见到粮食牲口,都想"资取而归"。朱元璋见状,下令把装有粮畜的船的缆绳全都砍断,把船推到急流中飘走了。诸将大惊,朱元璋说:"成大事者不规小利,今举军渡江,幸而克捷,当乘胜径取太平。若各取财物以归,再举必难,大事去矣。"于是,他乘胜追击,率领诸军又攻取了太平。朱元璋宁可让粮畜付诸东流,也不耽误夺取天下的大业,实在是成大事之人。

一九五

年年防饥①,夜夜防盗。

【注释】

①饥：饥荒。

【译文】

每年都要预防饥荒，每晚都要提防盗贼。

【点评】

此则讲"防患于未然"。

"防患于未然"，是中国古人的一种重要思想。不能等到饥荒来临了，再去准备；也不能等被盗窃了，再去防贼。做好预防，真正事到临头时，才可有备无患，安然度过危机，最大程度上减少损失。

一九六

学者如禾如稻，不学者如蒿如草①。

【注释】

①"学者如禾如稻"二句：《三字经注解备要》清贺兴思注："学者如禾如稻，不学者如蒿如草。如禾如稻兮，乃国家之津梁，世之大宝。如蒿如草兮，乃耕者憎嫌，问者烦恼。他日面墙，悔之已晚。"蒿（hāo），青蒿，一种野草。草：稗草。

【译文】

爱好学习的人，如同禾稻；不爱学习的人，如同野草。

【点评】

此则旨在劝学。

禾与稻都能够成为有用之物，而蒿与草于人类的用处不大。把这两类事物来比喻学者与不学者，是想劝人要有"向学之心"，成为一个爱好学习的人，最终能够像禾稻一样，成长为对社会、对人类有用的人才。

一九七

遇饮酒时须饮酒,得高歌处且高歌^①。

【注释】

①"遇饮酒时须饮酒"二句:元高明《蔡伯喈琵琶记》第二十一出
(余文):"光阴迅速如飞电,好良宵可惜渐阑,挤取欢娱歌笑喧。
欢娱休问夜如何,此景良宵能几何?(合)遇饮酒时须饮酒,得高
歌处且高歌。"得,能。且,还,尚且。

【译文】

遇到需要饮酒的时候,就要开怀畅饮;到了能够高声唱歌的地方,就
要放声歌唱。

【点评】

本则劝人该放开时要放开,活在当下,享受生活。

这两句有豁达对待人生的一面,很有《水浒传》里的英雄们大碗喝
酒大块吃肉的酣畅之感。当饮即饮,能歌即歌,有时亦是人生的一种快
意行为。这种状态在李白诗歌里有淋漓尽致的体现,比如《将进酒》中
洋溢着的那种张扬而旺盛的生命力:"人生得意须尽欢,莫使金樽空对
月。天生我材必有用,千金散尽还复来。烹羊宰牛且为乐,会须一饮三
百杯。"李白总是那样奋进激昂,那样自信豁达,且饮且歌,活在当下。

当然,从另一方面,本则也可看成一种及时行乐的消极人生观,暂时
的歌酒之后,还要面对现实的生活。

一九八

因风吹火,用力不多^①。

【注释】

①"因风吹火"二句:《五灯会元》:"问:'如何是无为之句?'师曰:'宝烛当轩显,红光烁太虚。'问:'如何是临机一句?'师曰:'因风吹火,用力不多。'问:'素面相呈时如何?'师曰:'拈却盖面帛。'"因,凭借。

【译文】

借助风势吹火,用得力气很小,火却可以很大。

【点评】

此则讲"借力"。

做事情要学会借力、借势。《荀子·劝学》里说:"吾尝终日而思矣,不如须臾之所学也;吾尝跂而望矣,不如登高之博见也。登高而招,臂非加长也,而见者远;顺风而呼,声非加疾也,而闻者彰。假舆马者,非利足也,而致千里;假舟楫者,非能水也,而绝江河。君子生非异也,善假于物也。"荀子在这里用了一系列比喻,说明君子也并非天赋异禀,只是善于借助外物罢了。比如《三国演义》中,诸葛亮在蜀国兵力不足的情况下,善于借势借力,联合东吴制衡曹操。正是因为善于借力,蜀国才得以与吴、魏形成三国鼎立之势。

"工欲善其事,必先利其器。"学会借助天时、地利、人和,很多事情就可以"事半功倍",顺利成功。

一九九

不因渔父引,怎得见波涛①。

【注释】

①"不因渔父引"二句:《古尊宿语录·慈明禅师语录》:"师云:'不因渔父引,焉知水浅深。'僧云:'峻水随流急,云开照碧天。'师

云：'我行荒草里，你又入深村。'僧应诺，云：'官不容针，更借一问，师意如何？'师云：'放你三十棒，三十年后方始知痛痒。'僧舞袖而退。"渔父，捕鱼的老人，渔翁。引，带，领。

【译文】

不经过渔父的指引，怎么能见到大波浪呢。

【点评】

本则讲行家引导的重要性。

对渔父来说，他们不仅是捕鱼方面的专家，也是水性方面的专家，要想看到波涛，请他们指引当然能够达到理想的效果。"隔行如隔山。"有些事情，就应该虚心地向行家请教，听从行家的建议，这样才能得到想要的结果。当然，"师傅领进门，修行在个人"。高人指点迷津之后，重要的还是靠自己的修行。

二〇〇

无求到处人情好①，不饮从他酒价高。

【注释】

①人情好：人缘好。

【译文】

不求人，所到之处都有好的人缘；不喝酒，随便他酒价有多高。

【点评】

本则讲无所欲求的好处。

万事不求人，不给他人添麻烦，当然不会影响人情，自然可以获得人的好感。但人情的好坏并不完全取决于是否有求于人，对于亲近之人，有事时不求助于他，反而会更加生分。好的人情在于真诚交往，以心换心，互帮互助。

"不饮从他酒价高"在一定程度上反映了"事不关己,高高挂起"的思想。这种思想具有一定的狭隘性,没有用联系的思维来看问题。酒价高,看上去与不饮酒的人无关,但它能带动粮价甚至其他物价的高涨,这仍然会间接地影响他人的生活。

二〇一

知事少时烦恼少,识人多处是非多①。

【注释】

①"知事少时烦恼少"二句:《五灯会元·东山齐己禅师》:"知事少时烦恼少,识人多处是非多。"

【译文】

知道的事情少,烦恼也少;认识的人多,是非也多。

【点评】

本则是古人明哲保身思想的反映。

这两句应该从辩证的角度分析。知道的事情少,需要思考的也少,烦恼也少。"眼不见心不烦"大概是这个意思。或者,知道的是非之事少,烦恼也会减少。在这两种意义上,"知事少时烦恼少"是有道理的。但是,知事少也会孤陋寡闻,导致视野狭隘,目光短浅。一个人要想有所成就,必须见多识广,读万卷书,行万里路。如此则可以应付各种场合和复杂事件,由此减少烦恼。

认识的人多,需要协调处理的事情也多,事情处理不好,就会产生是非。然而,另一方面,"朋友多了路好走",识人多,人脉广,即使有是非之事,也可以互帮互助,消灾解难。从这个意义上说,识人多反而是好事。其实,识人的多少与是非的多寡并无必然联系,关键是看一个人怎么处理人际关系。

在生活中,我们总会遇到各种人和事。重要的,不是逃避,而是如何应对。保持积极的心态,逢山开路,遇水搭桥,办法总比困难多。

二〇二

入山不怕伤人虎^①,只怕人情两面刀^②。

【注释】

①入山不怕伤人虎:《五灯会元·诣门慧昭山主》:"杨億侍郎问曰:'入山不畏虎,当路却防人时如何?'师曰:'君子坦荡荡。'"

②两面刀:比喻居心不良,当面一套,背后一套。元李行道《灰阑记》第二折:"岂知他有两面三刀,向夫主厮搬调。"

【译文】

进入深山里不怕有伤害人的老虎,人际交往中就怕遇到险恶的两面三刀。

【点评】

此则讲人心险恶。

俗话说:"明枪易躲,暗箭难防。"老虎虽然凶猛,但毕竟处于明处,靠的还只是尖牙利爪,一看便知,容易防范。而有的人,两面三刀,当面一套,背后一套,用心险恶,手段狡猾,这样的人令人防不胜防,比老虎更可怕。正如《红楼梦》里描述的王熙凤:"嘴甜心苦,两面三刀,上头一脸笑,脚下使绊子,明是一盆火,暗是一把刀。"本书中还有意思大致相同的两句话:"虎生犹可近,人熟不堪亲。"

历史上有不少两面三刀的人,这种人"口中有蜜,腹中有剑"。比如唐朝宰相李林甫,表面上平易近人,对贤能之士也大加赞赏,暗中却对人百般算计。中书侍郎严挺之性格耿直,对口蜜腹剑的李林甫从不客气。李林甫知道后便在皇上面前造谣生事,害得严挺之被贬到洛阳。后来,唐玄宗想把严挺之调回来提拔重用,李林甫从中作梗,假装出谋划策,让严挺之上书说自己患了风疾,请求回京医治。然后,他又对唐玄宗说:"严挺之年事已高,又患风疾,应该给他一个闲职安心养病。"唐玄宗听了这些话,便不再重用严挺之。

二〇三

强中更有强中手,恶人须用恶人磨^①。

【注释】

①"强中更有强中手"二句:元《桃花女》:"强中更有强中手,恶人终被恶人磨。"磨,折磨,对付。

【译文】

强者之中还有更强的人,凶恶的人自然有凶恶的人来对付。

【点评】

本则劝人莫逞强,勿作恶。

常言道:"天外有天,人外有人。"你觉得自己强,总还会有人比你更强。一味逞强,总会被人压下去。所以,做人要低调。

有人作恶多端,以为无人敢还手,殊不知,他总会被更恶的人教训。正常情况下,出现恶人,根本不需要更大的恶人去对付他,社会组织、司法机构会给他相应的惩罚办法。"恶人须用恶人磨",其实反映了古代社会人们的无奈之举。人们追求正义而不得,只能寄希望于恶人之间相互厮杀,以解心头之恨。

大家都很熟悉石崇与国舅王恺斗富的故事。石崇与王恺争豪,石崇故意将王恺家的一棵无比罕见的珊瑚树击碎,然后居然能赔偿王恺六七株同样的珊瑚树。石崇家的财富令人瞠目结舌,但其狂妄也为他埋下了祸根。晋国权臣孙秀早就觊觎石崇的财富,尤其对他的宠妾绿珠垂涎三尺,索要无果,诬陷石崇谋反。石崇最终被诛杀。这也可看作"强中更有强中手,恶人须用恶人磨"吧。

二〇四

会使不在家豪富①,风流不在着衣多②。

【注释】

①会使:善于使用财物。

②风流不在着衣多:《五灯会元·道场明辩禅师》:"解夏,上堂:'十五日已前不得去,少林只履无藏处。十五日已后不得住,桂子天香和雨露。正当十五日,又且如何?阿呵呵!风流不在着衣多。'"

【译文】

善于使用财物的人不在于家里有多少财富,风雅洒脱的人不在于穿多少华丽的衣服。

【点评】

本则旨在提倡善用资源,注重内在修养。

"会使"就要有计划有统筹、创造性地使用,能够旧物利用、一物多用。有句话说"资源有限,创意无穷",有限的资源在无穷的创意下,也可以充分发挥其作用。说到底,这则教人要树立正确的财物观,莫要挥霍金钱、浪费财物,科学合理地使用金钱、财物,使钱尽其能,物尽其用。

常言道"人靠衣裳马靠鞍",衣装对人的重要性由此可见。但一个人的风流气质,更多来自内在修养。有人衣服不多,但搭配合理,修饰恰当,也会呈现出潇洒脱俗的气质。所谓"粗缯大布裹生涯,腹有诗书气自华",提升个人修养才是根本与关键。

二〇五

光阴似箭，日月如梭①。

【注释】

①"光阴似箭"二句：北宋张伯端《悟真篇·赠白龙洞刘道人歌》：

"空玄子曰：'日月如梭，时光似箭。人生七十者稀。寒暑逼人，儿孙牵情。至于老死，世世皆然。'"光阴似箭，唐韦庄《关河道中》诗："但见时光流似箭，岂知天道曲如弓。"梭，织布时往返牵引纬线的工具，两头尖，中间粗。指时间如梭子一般快速穿过。

【译文】

时间过得像箭飞行一样快，日月交替像织布时的梭子一样飞速来去。

【点评】

本则感叹时间流逝之快。

此则用箭的飞行速度和织布时梭子的快速交替，来比喻时间过得飞快，表达了对时光流逝的一种感受。

人生有限，而时间飞逝，这两句传达出一种必须抓紧时间的紧迫感。

二〇六

天时不如地利，地利不如人和①。

【注释】

①"天时不如地利"二句：《孟子·公孙丑下》："孟子曰：'天时不如地利，地利不如人和。三里之城，七里之郭，环而攻之而不胜。夫环而攻之，必有得天时者矣；然而不胜者，是天时不如地利也。城非不高也，池非不深也，兵革非不坚利也，米粟非不多也；委而去

之，是地利不如人和也。'"天时，时机气候等自然条件。地利，有利的地理环境和地形条件。人和，人心团结一致。宋朱熹《四书章句集注·孟子集注》："天时，谓时日支干、孤虚、王相之属也。地利，险阻、城池之固也。人和，得民心之和也。"

【译文】

时机气候适宜不如地形有利，地形有利不如人心团结。

【点评】

此则强调"人和"。

"天时不如地利，地利不如人和"的观念在古代深入人心。这句话揭示了天时、地利、人和三者之间重要性的关系，强调了人心团结的重要性。人心团结，可以克服天时、地形带来的不利因素；人心涣散，即使得天时和地利也难以成功。所以，事情成败的关键在人，成功的关键在人心团结，"人心齐，泰山移。"《荀子·王霸篇》说："农夫朴力而寡能，则上不失天时，下不失地利，中得人和，而百事不废。"

当然，"天时""地利""人和"的地位与作用不是一成不变的，在一定条件下是可以转化的。比如，天灾可以冲掉人勤、地肥的作用，从而毁掉眼见到手的庄稼。做事的最好状态是"天时""地利""人和"三者的合一。《孙膑兵法·月战》云："天时、地利、人和，三者不得，虽胜有殃。"可是，这样的结合往往很难同时达到，这就需要人充分发挥主观能动性，充分发挥"人和"的作用，以"人和"来弥补"天时"不时、"地利"不利的弊端，从而成就大业。

二〇七

黄金未为贵①，安乐值钱多②。

【注释】

①黄金未为贵：黄金不是最贵重的。《全元诗》释梵琦《和出家要清

闲》："举世重黄金，黄金未为贵。争如无事人，乐道山林里。"

②安乐值钱多：平安、快乐更有价值。《鹤林玉露》乙编"安乐值钱多"："周益公退休，欲以'安乐直钱多'五字题燕居之室，思之累日，未得其对。一士友请以'富贵非吾愿'为对，公欣然用之。"安乐，平安、快乐。

【译文】

黄金并不是最珍贵的东西，人生平安、快乐的价值更大。

【点评】

此则强调平安快乐更重要。

这两句也作"万两黄金不为贵，合家安乐更值钱"。《琵琶记》第二出《高堂称寿》："（十二时）山青水绿还依旧，叹人生青春难又。惟有快活是良谋。逢时对景且高歌，须信人生能几何。万两黄金未为贵，一家安乐值钱多。"在此后的戏曲中多次出现。

黄金虽然昂贵，为世人所看重，但没有健康的身体、良好的情绪，一切都没有意义。所以，不仅"寸金难买寸光阴"，而且黄金也买不了平安快乐。

二〇八

世上万般皆下品，思量惟有读书高①。

【注释】

①"世上万般皆下品"二句：宋汪洙《神童诗》："天子重英豪，文章教尔曹。万般皆下品，惟有读书高。"下品，魏晋时期用"九品中正制"来选拔官员，将官员按上、中、下分为九品，其中"下上、下中、下下"三个等级称为下品，后泛指事物的最低等级。

【译文】

世上所有行业都是下品，仔细考量只有读书才是最高贵的。

【点评】

本则强调读书的价值。

俗话说："三百六十行,行行出状元。"世间有各行各业,每一种行业都有顶尖人才。为什么偏偏说"惟有读书高"呢?古人要想出人头地,光宗耀祖,最好的途径是做官,而对于普通人而言,做官的重要通道,甚至是唯一的途径,就是饱读诗书考取功名。这在当时的社会背景下有其合理性。

今天,社会分工越来越多样化,人们无需再把做官作为衡量自身价值的标准。现代人读书的目的和意义,以及所体现的价值已经与古代完全不同了。读书是一个人不断自我完善的基本需求,是一个人获得精神成长最重要的途径。正如英国文学家毛姆所言:"养成读书的习惯,便是为自己建了一个避难所。"读书,可与世界上所有的智者一起神游,从而获得心灵的共鸣,精神的愉悦。从这个意义上讲,也仍然可以说"思量惟有读书高"。

二〇九

世间好语书说尽,天下名山僧占多①。

【注释】

①天下名山僧占多:元方回《桐江续集·天下夕阳佳诗说》:"或谓诗中不合用天下字,近乎时文。老杜诗曰:'天下兵戈满,江边岁月长。'又曰:'阆州城南天下稀。'又曰:'越女天下白,鉴湖五月凉。'又曰:'天下郡国向万城,无有一城无甲兵。'……陆放翁诗曰:'天下不知谁竟是,古来惟有醉差贤。'又曰:'国家科第与风汉,天下英雄惟使君。'又曰:'信哉天下有奇作,久矣名家多异才。'其他用'天下事'与'天下士'者不一。……但恨俗人不具诗眼,则不

识耳。近人常传诗一句曰:'天下名山僧占多。'亦是此意。余不能一一详录,姑记诸此,以发一笑。"僧占多,多被僧人占有。

【译文】

人世间的好话书上都说完了,天下的名山多数被寺庙僧人占据了。

【点评】

本则旨在讲美好的事物皆有主人。

清代梁章巨在《楹联三话·庐山道院联》中,写到李道士与众僧争抢一殿所之事,这是江右胡梅心广文给他讲述的:"吾乡庐山道院,胜处皆被富僧占为佛寺,只留正中老君殿一所,为李道士住持。郡僧尚百计谋逐,贿嘱官司判毁,道士几无以自存。适安溪李文贞公舟过湖口,道士为公族叔,急奔告求援。公许以到山谒庙,因大书旧联留山中云:'天下名山僧占多,也须留一二奇峰,供吾道友;世间好语书说尽,曾记得五千妙谛,出我宗传。'语既恢奇,书复壮丽,不一日而传遍九江城中。适各官皆来参谒,公曰:'此间道士,吾叔也。供奉此山已久,希君等照拂。'于是僧计阻而殿得存。"这里讲李文贞公通过书写对联,为他的叔叔李道士争取了老君殿这一殿所,打破了僧人的计谋。

二一〇

为善最乐[①],为恶难逃。

【注释】

①为善最乐:行善事最快乐。《后汉书·东平宪王苍传》:"日者问东平王处家何等最乐,王言为善最乐,其言甚大,副是要腹矣。今送列侯印十九枚,诸王子年五岁已上能趋拜者,皆令带之。"

【译文】

做好事最能够使人得到快乐,做坏事最终难以逃脱惩罚。

【点评】

此则劝人多做好事，戒做坏事。

做好事，不仅可以得到他人的认可，而且可以使自己的内心获得自我认同，从而充满一种成就感，于是乐从中生。做坏事，终会逃脱不掉惩罚。即使他人不来惩罚，自己内心也会惴惴不安或愧疚不已，这是一种心理惩罚。所以，做人要多做好事，莫做坏事。

二一一

羊有跪乳之恩^①，鸦有反哺之义^②。

【注释】

①羊有跪乳之恩：羊羔有跪着喝奶以报答母羊的恩情。《春秋繁露·执贽》："羔有角而不任，设备而不用，类好仁者；执之不鸣，杀之不谛，类死义者；羔食于其母，必跪而受之，类知礼者。故羊之为言犹祥与！故卿以为贽。"跪乳，跪着喝奶。

②鸦有反哺之义：乌鸦有衔食喂母的情义。蜀《李雄书》曰："武皇帝雄泰成三年，白乌赤足来翔。帝以问范贤，贤曰：'乌有反哺之义，必有远人怀惠而来。'果关中流民请降。"反哺，鸟雏长大，衔食哺其母。后用以比喻报答父母。

【译文】

羊羔有跪下喝奶的感恩举动，乌鸦有衔食反喂母鸦的情义。

【点评】

本则旨在讲"报亲恩"。

羊羔跪着喝奶，乌鸦反哺母鸦，都是自然现象。作者赋予他们感恩与情义，是以此来教育人们要有感恩之心。连羊羔和乌鸦都能做到感恩父母，难道人就不能做到吗？如果人做不到，岂不是连禽兽都不如了？

二一二

你急他未急,人闲心不闲。

【译文】

你着急他人不着急;人的身体闲下来了,心里却闲不住。

【点评】

前句讲自己事他人难体会,后句讲人心里闲不住。

自己着急上火,是因为事情与自己有关;他人不着急,是因为事不关己。这两句与"自己心里急,他人未知忙"意思相同。

"人闲心不闲"是心里一直不停地思考。这是一种积极的人生状态,和"人老心未老"意思相似,表达了对生命的珍惜。正如曹操在《龟虽寿》中所言:"老骥伏枥,志在千里。烈士暮年,壮心不已。"

二一三

隐恶扬善,执其两端①。

【注释】

①"隐恶扬善"二句:《礼记·中庸》:"子曰:'舜其大知也与! 舜好问而好察迩言,隐恶而扬善,执其两端,用其中于民,其斯以为舜乎!'"隐,抑制。执,控制,掌握。

【译文】

隐藏别人的坏处,宣扬别人的好处,掌握恶与善两个极端,避免过与不及的状态。

【点评】

本则讲要与人为善,采取中庸之道。

这句话来自孔子对舜的评价。孔子说："舜可真是具有大智慧的人啊！他喜欢向人问问题，又善于分析别人话语里的含义。隐藏人家的坏处，宣扬人家的好处，过与不及两端的意见他都掌握，采纳适中的用于民众之中。这就是舜之所以为舜的关键所在吧！"这里讲的即是不偏不倚、无过无不及的中庸之道。要真正做到"中庸"，当然须有非同一般的大智慧，更要有博大的胸襟和宽容的气度。

二一四

妻贤夫祸少[①]，子孝父心宽[②]。

【注释】

①妻贤夫祸少：元高明《琵琶记》："是我误你爹，误你娘，误你名为不孝也。做不得妻贤夫祸少。"

②子孝父心宽：元高明《琵琶记》："百愁万苦千生受，妆成这症候。纵然救得目前，怎免得忧与愁？料应不会久。除非是子孝父心宽，方才可救。"

【译文】

妻子贤惠，丈夫遭遇祸患的机会就少；儿子孝顺，父母的心情就舒畅。

【点评】

本则旨在赞美贤妻孝子。

在古代社会，男主外，女主内，丈夫在外面抛头露面的机会多，承担的风险也更大。如果妻子贤惠，对丈夫的生活照顾得周到细致，那么丈夫就会少犯错误、少出祸患。

当今社会，男女平等，夫妻之间相互关爱，同样会减少双方的错误与祸患。做子女的孝顺父母，父母的心意得到顺承，没有后顾之忧，自然心情舒畅。

妻贤子孝是家庭和睦的象征，所谓"家和万事兴"。

二一五

既堕釜甑，反顾何益①。翻覆之水，收之实难②。

【注释】

①"既堕釜（fǔ）甑（zēng）"二句：《后汉书·郭泰传》："孟敏字叔达，巨鹿杨氏人也。客居太原，荷甑堕地，不顾而去。林宗见而问其意，对曰：'甑已破矣，视之何益。'林宗以此异之，因劝令游学。"堕，掉落。釜，古代的一种锅。甑，古代蒸饭的一种炊具，底部有许多小孔，放在鬲（lì）上蒸食物。反顾，回头看。

②"翻覆之水"二句：即"覆水难收"。这个故事见于《鹖冠子》，晋王嘉《拾遗记》，宋王楙《野客丛书》亦辑此事。姜太公贫困时，妻子马氏不安贫贱而离去。太公封为齐侯后，声名贵显，马氏又要求复婚。太公取水泼地，令她收取，覆水既然不可全收，婚姻既离便不可复合。后常比喻夫妻离而难合，又喻指事既成而无可挽回。

【译文】

既然釜与甑都已落在地上打碎了，回头再看实在没有什么好处。从器皿中翻到地上的水，想收回来实在太难了。

【点评】

本则旨在讲对已成定局之事，不必多虑。

釜与甑已经碎了，过多的留恋已没有多少价值和意义，只会增加懊恼的情绪。与其如此，不如想办法重置新件，一切从头开始才是重要的。

泼出去的水已经落地，损失已难以挽回，结果已是无可奈何，此时只能顺其自然了。

这两句和"成事莫说，覆水难收"意思一致。

二一六

人生知足何时足^①，人老为闲且是闲。

【注释】

①知足：懂得满足。

【译文】

人生应该知足，可什么时候才满足呢？人到老年得到空闲，才是真正的空闲。

【点评】

本则讲为人要知足有闲。

不满足是人生不断追求前进的动力。然而，如果一味不满足，人生就一直充满了压力。因此，适可而止，学会满足，也是一种人生的智慧。遗憾的是，"人心不足蛇吞象"，人性很难得到满足，总是产生更多的追求和新的欲望。苏轼说："长恨此身非我有，何时忘却营营。"只有到了老年，人才会因为身体不支而不得不停止奔波，赋闲在家，这时的闲，才是真正的空闲。

二一七

但有绿杨堪系马，处处有路透长安^①。

【注释】

①"但有绿杨堪系马"二句：《五灯会元·资寿尼妙总禅师》："尼问：'如何是夺人不夺境？'师曰：'野花开满路，遍地是清香。'曰：'如何是夺境不夺人？'师曰：'茫茫宇宙人无数，几个男儿是丈夫？'曰：'如何是人境俱不夺？'师曰：'处处绿杨堪系马，家家门首透

长安。'曰:'如何是人境两俱夺?'师曰:'雪覆芦花,舟横断岸。'
曰:'人境已蒙师指示,向上宗乘事若何?'师便打。"

【译文】

只要有杨树能够拴马,到处都有路通往长安城。

【点评】

本则旨在讲"通达"。

古人远行的主要交通工具是骑马,路上累了要系马休息。长安虽
远,并不可怕,只要能够有地方休养生息,慢慢走,总是能够走到长安的。
这两句与西方谚语"条条大路通罗马"有异曲同工之妙,都是讲道路的
通达。

其实,这两句不仅指道路的通达,更指人心的通达。遇到难事,不钻
牛角尖,换一种思维方式,找到一线生机,则会别有一番天地。

二一八

见者易,学者难。

【译文】

看上去很容易,学起来其实很困难。

【点评】

此则讲"知行"关系。

"见者易"是"知","学者难"是"行"。很多时候,知易行难。俗语
"看起来容易,做起来难""看人挑担不知重",都是讲知易行难的。当然,难
与易是因人而异的,所谓"会者不难,难者不会"。

"见者易,学者难。"这句话告诉人们不要"眼高手低"。"纸上得来
终觉浅,绝知此事要躬行。"要想真正掌握一种技能,还需要刻意练习,
亲力亲为。

"知行"关系是中国传统哲学的重要范畴,《尚书》就有"非知之艰,行之惟艰"之说,《左传》有"非知之实难,将在行之"的论断。到了明代王阳明,更是提出了"知行合一",即认知和行动要统一。所谓"知是行之始,行是知之成"。

二一九

莫将容易得,便作等闲看①。

【注释】

①"莫将容易得"二句:明郑若庸《玉玦记》第十三出《设誓》:"(外扮庙令吕公上)老汉是这钱塘江口,癸灵神王庙中,一个庙令。俺这癸灵爷爷,灵异无比。临安一郡人民,无不钦奉。老汉在此焚修,托赖神庇,尽可度日。算这钱财也不虚了神贶。只是常行方便,济人利物。正是莫将容易得,便作等闲看。"等闲,寻常,平常。

【译文】

不要把容易得到的,就视作平常之物。

【点评】

此则劝人要学会珍惜那些易得的事物。

有很多事物,因为容易得到或已经拥有,反而不被珍惜了。这是我们在生活中容易犯的一种错误,是人性的弱点。正如人们也常常"贱近贵远",认为"远来的和尚会念经",这都是一种偏见。

另一方面,他人看似轻易得到的事物,比如财富、成功等,背后也一定付出了常人难以看见的努力。所谓"台上一分钟,台下十年功",没有人能随随便便成功。

二二〇

用心计较般般错，退步思量事事宽^①。

【注释】

①"用心计较般般错"二句：宋俞文豹《吹剑四录》："著心计较般般
错，退步思量事事宽。"计较，较量，争论。思量，考虑。宽，一作
"难"。

【译文】

用心打算比较，就觉得事事都做错了；退一步考虑，会发现事事都宽
敞了。

【点评】

本则教人莫计较，多宽容。

《尚书·君陈》有言："必有忍，其乃有济；有容，德乃大。"有的人活
得累，并不是事物有多差，事情有多难，而是自己用心计较所导致的。事
事计较，总能够找到吹毛求疵的理由，就会样样都不顺眼，事事都不顺
心。如此活着，岂不太累。

学会转念，不去计较，对人对事宽容以待，即使遇到不顺心的事情，
也总能够从中看到息事宁人的机会。如此一来，心情就会大好。"退步
思量事事宽"，其实不是事情变宽了，是自己的心宽了。所谓"海纳百川
有容乃大，壁立千仞无欲则刚"。

二二一

道路各别，养家一般^①。

【注释】

①"道路各别"二句：《金雀记》第十出《守贞》："（末）不请自来，真

为可笑。(小丑)老芡你吃十方的,我吃二十方的。道路各别,养家一般。何故断人咽喉之路,(丑)兄不必如此说。酒肴颇有,任你吃就是。(小丑)此公有趣。四海之内,皆兄弟也。在家不会迎宾客,出外方知少主人。"各别,各有不同。一般,一样。

【译文】

每个人所走的道路各有不同,但养家糊口的目的却是一样的。

【点评】

本则讲持养家庭。

大千世界,人们从事的工作各有不同,赚钱的门道不一,但首先都是为了谋生,让自己和家人过上更好的生活。在这一点上,大家是"殊途同归"。

在某种意义上,这也蕴含着一种职业平等的思想。既然大家都是为了"养家",将心比心,推己及人,彼此不同的行业就可以更加互相理解。

二二二

从俭入奢易,从奢入俭难①。

【注释】

① "从俭入奢易"二句:宋代司马光《训俭示康》:"公叹曰:'吾今日之俸,虽举家锦衣玉食,何患不能? 顾人之常情,由俭入奢易,由奢入俭难。吾今日之俸岂能常有? 身岂能常存? 一旦异于今日,家人习奢已久,不能顿俭,必致失所。岂若吾居位去位,身在身亡,常如一日乎?'"俭,俭朴。奢,奢侈。

【译文】

从俭朴到奢侈容易,从奢侈到俭朴很难。

【点评】

本则讲俭奢转换关系，旨在戒除奢侈，提倡节俭。

正如司马光所担忧的那样，一个人如果一直生活在俭朴状态中，转入奢侈的生活是容易的；但如果一直生活在奢侈状态中，要过俭朴的日子，就很难适应了。这样的人生就可能有太多俭奢转换带来的悲喜，所以司马光接着感叹道："大贤之深谋远虑，岂庸人所及哉？"并教诲子孙说："俭，德之共也；侈，恶之大也。"《邓析子·转辞篇》也有类似的表达："畏俭则福生，骄奢而祸起。"

节俭朴素，不仅对个人很重要，对一个国家、一个民族来说也至关重要。唐代诗人李商隐有诗云："历览前贤国与家，成由勤俭破由奢。"勤俭节约是每个人一生需要保持的珍贵品格。

二二三

知音说与知音听①，不是知音莫与弹。

【注释】

①知音：知己，即能赏识自己的人。《列子·汤问》："伯牙善鼓琴，钟子期善听。伯牙鼓琴，志在高山，钟子期曰：'善哉，峨峨兮若泰山！'志在流水，钟子期曰：'善哉，洋洋兮若江河！'"钟子期能够听懂俞伯牙的高雅音乐，故为知音之交。

【译文】

知音只能弹奏音乐给知音聆听，不是知音就别弹给他听。

【点评】

本则旨在说人要与懂自己的人交流。

这两句话表明了一种交往的态度。人与人之间的交流，一定要找准对象，与自己同频共振的人交流，才能产生认知的和谐、思想的共鸣、情感的共振，即"同声相应，同气相求"。与不懂的人交流，往往费力不讨好，这个时候就是"对牛弹琴白费力"。明冯梦龙在《醒世通言》第一卷《俞伯牙摔琴谢知音》中用过这则谚语："列位看官们，要听者，洗耳而听；不要听者，各随尊便。正是：知音说与知音听，不是知音不与谈。"《淮南子·修务训》有言："钟子期死而伯牙绝弦破琴，知世莫赏也；惠施死而庄子寝说言，见世莫可为语者也。"伯牙和庄子的行为，正是失去知音后的绝望和无奈之举。

不过，从另一方面讲，如果只与知音交流，不与更多的人交往，又怎么知道不会有更多的人成为知音呢？所以，也不要把自己限定在狭小的圈子里，不要给自己设限，保持开放的交往状态，是一种更为包容、积极的生活态度。

二二四

点石化为金①，人心犹未足。

【注释】

①点石化为金：即点石成金，原指一种道家仙术，用手指将石头点化成金子。汉刘向《列仙传》："许逊，南昌人。晋初为旌阳令，点石化金，以足逋赋。"后多比喻修改文字，化腐朽为神奇。也作"点铁成金"。宋黄庭坚《答洪驹父书》："古之为文章者，真能陶冶万物，虽取古人之陈言入于翰墨，如灵丹一粒，点铁成金也。"

【译文】

即使点石成金，人心还是不满足。

【点评】

本则旨在批判人的贪得无厌，教人要学会知足。

贪得无厌是一种恶劣的表现。"人心不足蛇吞象。"有人为了无休止地满足欲望,甚至不惜做违法犯罪的勾当,最终走上不归之路。正如《韩非子·说林下》所言:"人不能自止于足,而亡其富之涯乎!"

看到欲望难填所隐藏的危险,明白欲望无限会带来的灾难,才有可能知止、知足。《老子》:"祸莫大于不知足,咎莫大于欲得,故知足之足常足矣。"《抱朴子外篇·知止》云:"盖知足者,常足也;不知足者,无足也。常足者,福之所赴也;无足者,祸之所钟也。"知足才能有源源不断的福祉,否则只能为灾祸所笼罩。

《增广贤文》有多处谈到"知足"的话题,比如"知足常足,终身不辱。知止常止,终身不耻""人生知足何时足"等等。直到现在,人们的口头禅依然是"知足常乐",可见,知足是一个千古不变的智慧话题。

二二五

信了肚①,卖了屋。

【注释】

①信了肚:听任饮食之欲。信,任意,听任。

【译文】

随意大吃大喝,卖了房屋也满足不了。

【点评】

本则旨在劝人戒大吃大喝。

有人信奉所谓"人生在世,吃穿二字",整天大吃大喝。不加节制的口腹之欲,不仅对身体无益,而且足以导致人们卖掉居住的房屋。大吃大喝之风,小则败坏家庭,大则败坏国家,是应该禁止的。

二二六

他人睨睨①,不涉你目。他人碌碌②,不涉你屋。

【注释】

①睍睍（xiàn）：小视貌，形容不敢正视。《新唐书·韩愈传》："刺史虽驽弱，安肯为鳄鱼低首下心，伈伈睍睍，为吏民羞，以偷活于此也？"一作"观花"。涉：涉及，关联。

②碌碌（lù）：形容事务繁杂、辛苦的样子。唐贾岛《古意》："碌碌复碌碌，百年双转毂。"

【译文】

他人偷偷看，无关你的眼。他人做事忙，无关你家屋。

【点评】

本则讲一个人应该专注做好自己的事情。

这两句旨在开导人们，不要在与己无关的事情上多费心思，自寻烦恼。生活中，有人十分在意他人做了什么，在意他人怎么看待自己。过度关注他人，会在盲目追风中迷失自己，在自我妄想中贻误自己。

另一方面，这也是古人明哲保身思想的体现。这种"事不关己，高高挂起"的冷淡态度，也容易导致自我封闭，妨碍基本的人情和正常社交。

二二七

谁人不爱子孙贤，谁人不爱千钟粟。奈五行不是这般题目①。

【注释】

①"谁人不爱子孙贤"三句：《全宋词》晦庵《满江红》："谁不爱，黄金屋。谁不羡，千钟禄。奈五行不是，这般题目。枉费心神空计较，儿孙自有儿孙福。也不须、采药访神仙，惟寡欲。"《鹤林玉露》卷四记载道："此词或传朱熹作，朱熹云非。"千钟粟，意思是粮食满仓。在这里特指官员的俸禄，形容优厚的俸禄。五行，古

代称构成各种物质的五种元素——金、木、水、火、土。古人常以此说明宇宙万物的起源和变化。后人根据对五行的认识，又创造了五行相生相克理论，以五行生克来推算人的命运和吉凶祸福。这里的"五行"即命中注定。

【译文】

谁不喜欢子孙后代贤能出息，谁不希望得到高官厚禄，遗憾的是命中注定不包括这些。

【点评】

本则慨叹对命运和人生的无奈。

子孙孝贤，高官厚禄，功成名就，事事顺遂，是人人都向往的，可并不是每个人都能够得到。求而不得，就成了人生的无奈。

本则中的"奈五行不是这般题目"是宿命论思想的反应。"宿命论"把人生的一切都归为先天注定，无法改变。这种思想观念否定了人的主观能动性，是不正确的。人要正确对待人生的逆境与顺境，发挥主观能动性，要相信"我命由我，不由天。"

二二八

莫把真心空计较，儿孙自有儿孙福①。

【注释】

①这两句出处同上则。计较，较量，争论。

【译文】

不要用尽心力白白谋划，儿孙有他们自己的福气。

【点评】

本则旨在教人不要过多为子孙操心。

有的人特别爱儿孙，事事为儿孙着想。殊不知，对儿孙太过关注，反而会使儿孙减弱独立生活的能力,给他们带来不良的后果。另一方面,过多的关注对儿孙来说也是一种枷锁。父母学会对儿孙放手,不仅有利于儿孙的成长,也有利于经营好父母自己的生活。

前文"儿孙自有儿孙福,莫为儿孙作马牛"与此意义相同。

二二九

与人不和,劝人养鹅。与人不睦,劝人架屋①。

【注释】

①架屋:建造房子。

【译文】

如果与别人不和气,建议他养一群鹅,就知道争吵的烦恼了。如果与别人不和睦,建议他建造房子,就知道协作的重要了。

【点评】

本则旨在劝人和睦。

"以和为贵"是中华民族的优良传统,也是人生的智慧。然而,有人却不懂这一点,常由于一些小事就与人闹矛盾。如何化解人与人之间的矛盾呢? 本则给出了一种解决建议。听听群鹅的争吵声,就能"推鹅及人",明白自己的争吵也是如此聒噪。盖房子是一个大工程,一两个人是很难完成的,往往需要亲戚朋友、街坊邻居的帮忙,依靠众人之力。如果平时与这些人不好好相处,真正遇到盖房子这样的事情,谁会来帮你呢?

二三〇

但行好事,莫问前程①。

【注释】

①"但行好事"二句：唐冯道《天道》："穷达皆由命，何劳发叹声。但知行好事，莫要问前程。"前程，做官或成名的前途。

【译文】

只要多做好事就行了，不要问前程如何。

【点评】

本则劝人一心行善。

行善的人，一心想着为社会做有益的事情，不计较个人的功名利禄。先秦诸子对行善这个问题有诸多论述，比如《荀子·宥坐》说："为善者天报之以福，为不善者天报之以祸。"《太平经》中说："性善之人，天所祐也。"行善的人，即使不主动追求前程，也会得到上天的回报和护佑。

不过，只求付出，不求回报，如果达不到一定境界，也可能会导致人行动消极、精神懈怠，还是辩证地处理付出与回报的关系比较好。

二三一

不交僧道^①，便是好人。

【注释】

①僧道：僧人与道士。僧人是佛教徒，道士是道教徒。

【译文】

不与僧人、道士打交道，就是好人。

【点评】

本则旨在教人远离僧道，体现出排斥佛道的明显倾向。

言下之意，僧人、道士没有可交之人，一旦交之，连自己也变成了坏人。这样的理解显然是失之偏颇的，交僧道的未必是坏人，不交僧道的也未必是好人。一个人是不是好人，与他交不交僧道没有必然关系，关键还是在于他个人的修为。

二三二

河狭水急，人急计生^①。

【注释】

①人急计生：人在情急之下会突然想出应变的计谋。元施惠《幽闺记》第七出："粉墙这等高峻，如何跳得过？自古道人急计生，不免攀住这杏花梢，跳将过去。"

【译文】

河道狭窄了，水流自然湍急；人在危急时，就会想出计谋来。

【点评】

本则讲急中生智。

在紧急的情形之下，人的潜藏能力容易被激发，从而生出日常所没有的智慧。这是人在特定情境下的特殊表现。如《杀狗记》第二十九出："河狭水紧，人急计生。奴家为因丈夫背义疏亲，不从劝解，奴施一计。""绝处逢生""置之死地而后生"等说法，都说明了人在紧急情况下，往往会有非凡表现。特殊情况下，出于自我保护的需要和强烈的求生本能，大脑会瞬时高速运转，激发、调动起以往的各种经验和知识储备，以解燃眉之急。

二三三

明知山有虎^①，莫向虎山行。

【注释】

①明知山有虎：元施惠《拜月亭记》第二十二出："呀！你明知山有

虎,偏向虎山行。好好丢下财宝,饶你性命!"

【译文】

明明知道山中有猛虎,就不要再向有猛虎的山上走了。

【点评】

此则讲避险。

既然已经知道山上有了猛虎,有潜在的危险,就不要再往前冲了。这不是胆怯,而是学会自我保护,学会合理避险。正如前文所言:"路逢险处须当避。"如果明知有危险还要前行,则可能会导致致命的危害。合理评估和规避风险,是智慧的做法。

这两句话还有相反的说法:"明知山有虎,偏向虎山行。"若是为了"求赞"的虚荣心作怪,就是傲慢无知的行为;若是为民除害,责任使然,则是英雄行为的体现。当然,即使因为责任而"偏向虎山行",也要学会自我保护。

当然,也有人喜欢冒险,认为事在人为,"无限风光在险峰",偏要征服危险的地方,这也是一种勇气。所以,一句话从不同的角度理解,就会衍生出不同的内涵,给人多角度的启迪。这也是《增广贤文》里的格言警句流传甚广的原因。

二三四

路不行不到,事不为不成①。人不劝不善,钟不打不鸣。

【注释】

①"路不行不到"二句:《荀子·修身》:"道虽迩,不行不至;事虽小,不为不成。"

【译文】

有路不走就到达不了目的地,事情不去做就不可能成功。人不经劝化就不会行善,钟不去敲打就不会鸣响。

【点评】

本则旨在劝人要笃行。

道路虽然很近,但不走也到达不了目的地;事情虽然简单,但不去做也不会成功。"知之者不如行之者"。事在人为,做了不一定能成功,但不做一定不能成功。《说苑·建本》有言:"为者常成,行者常至。"

二三五

无钱方断酒,临老始看经①。

【注释】

①经:佛经一类的书籍。意思是到了老年才开始读诵佛经。

【译文】

没有钱了才戒酒,到了老年才开始读佛经。

【点评】

本则旨在劝人及早行动。

做事要趁早,不要等事情发展到无可挽回的地步才去做。喝酒喝到倾家荡产,再也无钱买酒时才被迫戒酒,已是悔之晚矣。学习也是如此,年轻力壮时,精力充沛,应及时读书以武装自己的头脑,扩展知识结构。

而从另一方面看,无钱时才断酒,也算是浪子回头;临老读经,也是修心养性的好时机。

二三六

点塔七层①,不如暗处一灯。

【注释】

①点塔七层：指点亮七层佛塔的灯。这是佛教徒虔诚的供奉方式。

【译文】

把七层高塔的灯都点亮，不如在黑暗处点亮一盏灯。

【点评】

本则旨在说明把事情做到关键处。

做事情要急人所急，帮人所需，多做雪中送炭、雨中送伞、暗处点灯的事，"济人须济急时无"。平时，人们不需要帮助时，给予他们再多，也没有多大意义。但当人陷入人生困境时，哪怕一声问候，一句安慰，都是非常珍贵的能量。这一句问候和安慰就是暗处的那一盏明灯。

前文"渴时一滴如甘露，醉后添杯不如无"与这两句表达的意思一致。

二三七

万事劝人休瞒昧，举头三尺有神明①。

【注释】

①举头三尺有神明：关于此句出处，也有不同说法。宋王楙在《野客丛书》中认为"举头三尺有神明"是徐铉语，见于《南唐书》。元曾瑞卿《留鞋记》中也有此句："也须知举头三尺有灵神。"元高明《琵琶记》："万事劝人休碌碌，举头三尺有神明。"瞒昧，隐瞒欺骗。神明，神灵。

【译文】

做任何事都不要隐瞒欺骗，头顶上有神灵监视着你。

【点评】

本则旨在劝人慎独。

"举头三尺有神明"是劝人慎独，即使一个人独处时，也不要昧着良心做坏事。不欺人、不自欺。《礼记》中说："君子戒慎乎其所不睹，恐惧乎其所不闻。莫见乎隐，莫显乎微。故君子慎其独也。"所谓"平生不做亏心事，半夜不怕鬼敲门""若要人不知，除非己莫为"都是这个意思。曾国藩曾引用此句："若有一人心不诚，举头三尺有神明。"

　　"慎独"既是个人品行修养的表现，也是遵纪守法的需要。每一个人都应该加强"慎独"的修养。

二三八

但存方寸地，留与子孙耕①。

【注释】

①"但存方寸地"二句：此联作者众说纷纭。《宋诗话辑佚·王直方诗话》中记载："张嘉甫云，余少年见人诵一诗，所谓'但存方寸地，留与子孙耕'，不知何人语。元符三年，过毘陵汪迪家，出所藏水部贺公手书，乃知此诗贺所作，世俗以为他人，非也。"又载："贺天圣中为郎，真宗东封，谒于道左。"罗大经《鹤林玉露》以为这两句为俗语，俞文豹《唾玉集》把它看作贺知章诗，《七修类稿》把这当作宋贺仙翁诗。据考证皆误。但，且、一定。方寸地，方寸大小的土地，指特别小的土地。

【译文】

且要存下方寸大小的土地，留给子孙耕种。

【点评】

　　本则旨在做事要留有余地，顾及子孙，蕴含了可持续发展的思想。

　　在农业社会，土地是农民赖以生存的重要资源。在某种意义上，有土地就可以较好地存活下去，没有土地，就可能流离失所，生无着落。《管子·水地》云："地者，万物之本原，诸生之根菀也。"作为长辈，不要把家产都挥霍掉,至少要给子孙留下哪怕一小块土地,也可以给他们留下生路。这句话也启发人们,做任何事都不要做绝,一定要留有余地,保有空间。事情做绝,不仅祸及自身,而且殃及子孙。

　　每一代人都不能只考虑自身需要和眼前利益,"不涸泽而渔,不焚林而猎"。特别是对一些不可再生资源的开发与利用,一定要顾及未来发展的需要,为后人留下可资利用的空间。"风物长宜放眼量",只有这样,才能"取之有时,用之有节,则物蓄多"。

二三九

　　灭却心头火,剔起佛前灯①。

【注释】

①"灭却心头火"二句:《琵琶记》第三十四出《寺中遗像》:"好人成佛是菩萨,恶人做鬼做罗刹。第一灭却心头火,心头火。第二解开眉间锁,眉间锁。第三点起佛前灯,佛前灯。"心头火,心里的欲望之火。剔,挑、拨。

【译文】

熄灭心里的种种欲火,挑亮神像前的灯光。

【点评】

本则劝人修心养性。

人总会有七情六欲。这些欲望就像熊熊烈焰,令人身心难安。降龙伏虎易,擒制欲望难。不合理的欲望如果不加以调节,人生就难免遭遇各种困厄。如何修心养性呢?这里给出的方法是"剔起佛前灯",即劝人向佛修行,修炼清静无为之心。

"心头火"也可理解为愠怒、烦恼之心。怒气伤身,如何控制情绪也是人生的一种修行。儒家思想中,修养心性的方法是"格物致知""修身、齐家、治国、平天下"。道家强调"致虚极，守静笃""见素抱朴，少私寡欲"。诸子百家亦各有修心法门，比如《淮南子·原道训》提倡："以恬养性，以漠处神，则入于天门。"《刘子·清神章》有言："恬和养神，则自安于内；清虚栖心，则不诱于外。"这些都大抵不离儒、释、道之说，都为现代人如何修心养性提供了有益参考。

二四〇

惺惺常不足①，懞懞作公卿②。

【注释】

①惺惺（xīng）：聪慧的样子，聪明的人。宋曾布《曾公遗录》："（皇子）虽三岁，未能行，然能语言，极惺惺。"有俗语"惺惺惜惺惺"，意为聪明人爱惜聪明人，比喻志同道合者以及境遇相同的人相互爱惜、同情。如《红楼梦》第八十七回，黛玉看了宝钗寄来的东西，不胜伤感。又想："宝姐姐不寄与别人，单寄与我，也是'惺惺惜惺惺'的意思。"

②懞懞（měng）：昏昧无知，糊里糊涂，不明事理。公卿：三公九卿的简称，泛指朝廷中的高官。

【译文】

聪明人常常意识到自己的不足，糊涂人把自己看作公卿。

【点评】

本则讲人的自知。

聪明人与糊涂者的区别在于有没有自知之明，聪明者自知，糊涂者妄想。聪明人有很强的反省能力，能够意识到自己的不足，然后不断改进，自我完善；而糊涂者不仅不自我反省，反而不知天高地厚，把自己想象得像公卿王侯一样。

　　据《南史·何尚之传》记载，何尚之，字彦德，他改任吏部郎，告假探亲，满朝文武前去送别。回到家中，父亲何叔度问他："听说你来时，倾朝相送，大概有多少人？"何尚之回答说："大概有几百人。"何叔度笑笑说："他们这是送别吏部郎这个官，与你何彦德不相干。"何叔度真是一个明白人，他用这种方式告诉儿子，要区分开他是因为官职爵位，还是因个人才德而被恭送。如果分不清楚这一点，就会糊涂行事，甚至酿成大错。那可真是"懵懵作公卿"了。

二四一

众星朗朗，不如孤月独明①。

【注释】

①"众星朗朗"二句：《淮南子·说林训》："百星之明，不如一月之光；十牖之开，不如一户之明。"朗朗，明亮的样子。

【译文】

群星闪耀，也比不上一轮月亮的光明多。

【点评】

本则旨在说数量多不如质量高。

　　量与质的问题，一直是人们思考与关注的。群星虽然也有光芒，却比不上一轮满月的光明多，这是自然现象。联系到人类社会，类似的思维还有"千军易得，一将难求"，千军容易得到，能够很快组织起来，但领军人物却很少。像韩信那样带兵"多多益善"的将领是可遇不可求的。再如，"不怕千招会，就怕一招绝"，也说明普通的千招，不如有效的一招。

　　当然，在突出少而优的同时，也不能否认众星的微光，不能否定千军的作用，不能否决千招的价值。没有这些互相帮衬、协同作战，那些优质者也是凸显不出来的，毕竟"独木不成林""一人不为众"。

二四二

兄弟相害，不如友生^①。

【注释】

①"兄弟相害"二句：《诗经·小雅·常棣》："丧乱既平，既安且宁。虽有兄弟，不如友生。"友生，即朋友。生，为语助词。

【译文】

兄弟之间相互残害，还不如朋友互帮互助。

【点评】

本则劝兄弟和睦，也强调了朋友的交情。

据《毛序》，《常棣》是周公宴会兄弟时歌唱兄弟亲情的诗。全诗共八章。"凡今之人，莫如兄弟"为这一篇的主旨。开篇对急难之时的"兄弟之情"进行了由衷赞叹，接着又对日常生活中"不如友生"的情形发出了感叹，更有对兄弟"和乐且湛"的期望。

兄弟之情，本应相亲相爱，互帮互扶。所谓"打虎亲兄弟，上阵父子兵。"可是，现实中有些兄弟为了一己之利，同室操戈，相残相害。如大家熟悉的"七步诗"的故事。曹丕想加害他的弟弟曹植，令其七步之内作诗，不然就杀掉他。曹植七步成诗曰："煮豆燃豆萁，豆在釜中泣。本是同根生，相煎何太急。"无论是皇室之中，还是平民之间，兄弟残害的事不绝史册。兄弟之情血浓于水，同气连枝，是世上珍贵难得的。朋友之间尚且能够互帮互助，何况兄弟呢？

历史上兄弟友爱的事例也有很多。据《后汉书·姜肱传》记载，东汉的姜肱与弟弟仲海、季江，以孝友著闻，常同被而寝。后世因称其兄弟三人为"三姜"，并用作兄弟情笃的典故。《梁书·韦放传》记载了韦放与兄弟友好之事："放性弘厚笃实，轻财好施，于诸弟尤为雍睦。每将远行及行役初还，常同一室卧起，时称为'三姜'。"

二四三

合理可作^①，小利莫争。

【注释】

①合理：合乎情理的事情。

【译文】

合乎情理的事情可以做，蝇头小利就不要去争了。

【点评】

本则旨在做合理事，莫贪小利。

为人做事，总要有个原则，这个原则就是合乎情理。合情顺理的事情，就可以去做，违背情理的事情，就不要去做。

人生求利是正常的事情，但不是凡利必争。特别是对蝇头小利，更不要执念太深。《庄子·则阳》中有一则寓言：有两个国家，一个叫触氏，位于蜗牛的左角；一个称为蛮氏，位于蜗牛的右角。他们经常为了争夺蜗牛角那么大的地方而打仗，死伤数万。这则形象的寓言比喻为了极小的利益而引起极大的争执，损失惨重。正如白居易在《对酒》中感叹："蜗牛角上争何事，石火光中寄此身。随富随贫且欢乐，不开口笑是痴人。"人生大部分争执都是蜗牛角上的事。世间除了生死，其他都是擦伤。何苦摩拳擦掌，斤斤计较？

二四四

牡丹花好空入目，枣花虽微结实成^①。

【注释】

①"牡丹花好空入目"二句：宋王溥《咏牡丹》："枣花至小能成实，

桑叶虽柔解吐丝。堪笑牡丹如斗大,不成一事又空枝。"

【译文】

牡丹的花虽然美丽却只能供人欣赏,枣树的花虽然很小却能结出有用的果实。

【点评】

这则批判了像牡丹一样华而不实的现象,赞美像枣花一样踏实有用的行为,体现出一种务实精神。

现实生活中,有一些事物表面上华丽,却不能带来实际的效用;有些人善做表面文章,却不能踏实工作,笃行成长。这样的现象都是值得批判的。

而换一个角度看,牡丹花所具有的观赏作用、审美价值,却是枣花所不具备的。"尺有所短,寸有所长"。不同事物有不同的特点和功用,以一种事物的长处否定另一种事物的不足,这种思维方式并不可取。

二四五

欺老莫欺少,欺人心不明①。

【注释】

①不明:不明事理。

【译文】

即便欺负老年人也不要欺负年轻人,只要欺负人就是不明事理。

【点评】

本则旨在明理。

老年人年老体衰,势力不再;年轻人血气方刚,前途无限。有的人抓住这一点,欺负老年人,而不敢欺负年轻人。这是一种错误的观点。

其实,不论老少,任何人都不能被欺负,也不能去欺负别人。人与人之间互敬互爱,才能和谐相处。再者,尊老爱幼是中华民族的优良传统,应该发扬光大。欺老或欺少,是道德不良的表现,是不文明的行为模式,甚至是违法犯罪的,会受到应有的惩罚。不欺人、不自欺应该成为每一个人的行为准则。

二四六

随分耕锄收地利①,他时饱暖谢苍天②。

【注释】

①随分:意思是尽自己所能去做事。分,本分。地利:指收成。

②饱暖:吃饱穿暖。

【译文】

尽力耕种锄地以获得好的收成,等到人吃饱穿暖时不要忘记感谢苍天的保佑。

【点评】

本则旨在说勤劳耕种,不忘感恩。

古代中国是农业社会,人们靠天吃饭,风调雨顺,庄稼丰收,人们就丰衣足食;遇到大旱大涝,风灾虫害,粮食歉收,人们就忍饥挨饿,甚至逃荒要饭。由于认识有限,人们把这一切都归因到苍天那里。遇到灾难时,就向苍天祈求祷告;遇到丰收时,就向苍天表达感谢。当然,丰收主要是因为人们尽力耕种,勤俭持家。

如今,人们已经对自然有了更加科学的认识,不会再把希望全寄托于上天。但这种表达感恩的思想仍然值得传承,对于一切有助于我们成长的力量,都应以感恩之心对待。

二四七

得忍且忍,得耐且耐。不忍不耐,小事成大①。

【注释】

①"得忍且忍"四句：宋陈耆卿《赤城志》："俗语云：'得忍且忍，得戒且戒。不忍不戒，小事成大。'试观今人忿争致讼，以致亡身及亲，破家荡业者，其初亦岂有大故哉？被人少有所击触，则必忿；被人少有所侵凌，则必争。不能忍也，则詈人而人亦詈之，殴人而人亦殴之，讼人而人亦讼之，相怨相仇，各务相胜。"

【译文】

能忍得下就得忍下，能耐得住就要耐住。不忍下不耐住，小事也会变成大事。

【点评】

此则劝人忍耐。

这里的忍耐是一种品格。忍耐不是忍气吞声，也不是逆来顺受。忍耐是一个人通达事理、顾全大局的修养，也是正确处理人际关系，克己容人的表现。

历史上有许多人因能够忍耐而成就大业。勾践能忍耐夫差的凌辱摧残，故能复仇复国。张良能忍耐黄石老人的刁难，故而获得成就大业之秘籍。司马迁能够忍耐宫刑之耻辱，故终撰成《史记》。这样的例子不胜枚举。当然，忍耐也是要讲究分寸，把握原则的。在大是大非面前，不能讲忍耐，而是要"路见不平一声吼，该出手时就出手"。

本书有多处讲"忍耐"的条目，可互相参看。

二四八

相论逞英豪①，家计渐渐退②。

【注释】

①相论：相互攀比，相互争斗。逞：逞能，逞强。

②家计：养家之道。

【译文】

彼此之间相互争论，相互逞能，家道就会渐渐衰退下去。

【点评】

本则劝人莫逞能。

人与人之间不要相互攀比，更不要争强斗胜。攀比和逞强，势必会消耗家庭的财力物力等资源，渐渐导致家庭衰败，得不偿失。以淡然的心态看待自己与他人的差距，保持心理平衡，客观行事，量力而为，这样才能做到实事求是。

二四九

贤妇令夫贵，恶妇令夫败①。

【注释】

①"贤妇令夫贵"二句：明曹端《曹端集·夜行烛》："痴人畏妇，贤女敬夫。贤妇令夫贵，恶妇令夫贱。"

【译文】

贤惠的主妇可以让丈夫富贵，恶劣的主妇则会让丈夫失败。

【点评】

本则旨在赞美贤妇，批评恶妇。

古代社会，男尊女卑，主妇贤惠与否，对丈夫的事业发展有着重要影响。主妇心地善良、通情达理、勤劳能干，对丈夫的事业能够起到很大的助力作用。成功的男人背后都有一位贤内助。《清波杂志》记载，蔡卞的妻子王夫人，知书达礼。朝中有事，蔡卞总是先与妻子商量，然后再拿到朝堂上去处理。当时的朝臣都说："我们这些人每天遵照蔡卞妻子的意思在做事。"后来,蔡卞被拜为左丞相。他在家中设宴奏乐以示庆贺。乐人们都高声说:"左丞相今日升官,全靠夫人的裙带。"王夫人贤惠助力丈夫高升,是典型的"贤妇令夫贵"的故事。

相反,主妇愚昧混沌,不仅不会帮到丈夫,还会败坏丈夫的事业。

当然,夫妻双方是相互影响,相互成全的。夫妻双方互敬互爱,相互扶持,才能家道兴盛。

二五〇

一人有庆,兆民咸赖①。

【注释】

①"一人有庆"二句:《尚书·吕刑》:"一人有庆,兆民赖之,其宁惟永。"庆,喜庆、福庆,这里指成功。兆(zhào)民,众民,百姓。咸,都,全。赖,依靠。

【译文】

天子优秀有作为,广大民众都可以获得依靠。

【点评】

本则讲杰出人物的作用。

对一个国家而言,国君"领导力"强,奋发有为,那么百姓就会有依靠,国家也才能长治久安。《傅子·安民》中说:"仁人在位,常为天下所归者,无他也,善为天下兴利而已矣。"现在讲的"为官一任,造福一方"等,也都是讲杰出人物的重要性。

当然,如果是"一人得道,鸡犬升天",大搞裙带关系,那就错了。

二五一

人老心未老,身贫志不穷。

【译文】

人的身体衰老了,但心灵不能变老;人在物质上虽然贫穷,但志气不能匮乏。

【点评】

本则旨在鼓励人们自强不息。

身体老去是自然规律,谁也无法抗拒;心理状态却是主观意志,可以自由把握。唐代诗人刘禹锡是个乐天派的模范,他在《酬乐天咏老见示》中说:"莫道桑榆晚,为霞尚满天。"不要说日落时光照桑榆树端已近傍晚,它的霞光余晖依然可以映红满天。年纪大了,仍然可以在力所能及的范围内做些有益的事情。

艰难困苦的环境,更能磨炼一个人的心性意志。不因外在条件而改变自己的志向,更是君子的一种道德操守。正如东汉马援所说:"大丈夫为志,穷当益坚,老当益壮。"《孔子家语·在厄》中也有类似说法:"芝兰生于深林,不以无人而不芳;君子修道立德,不为穷困而败节。"

不论年过半百,还是身处困境,都要保持一颗年轻的心,"永远年轻,永远热泪盈眶"。

二五二

人无千日好,花无百日红①。

【注释】

①"人无千日好"二句:元杨文奎《儿女团圆》楔子:"人无千日好,

花无百日红。早时不算计,过后一场空。"千日好,指一直顺利。
"花无百日红",也见于宋岳珂《玉楮集·紫薇花》:"最怜耐久堪
承露,谁道花无百日红。"

【译文】

人不可能总是一直顺利,花也不可能保持百日鲜红。

【点评】

本则喻指人生不会总是一帆风顺,事情是发展变化的。

有花开必有花落,这是自然规律。人生也一样,有起有伏,有高有
低,不会总是心想事成。这也是古人忧患意识的体现。"人无千日好",
所以在鼎盛的时候要知足知止,懂得退步。"花无百日红",所以也要"花
开堪折直须折,莫待无花空折枝"。

二五三

杀人可恕,情理难容^①。

【注释】

①"杀人可恕"二句:《五灯会元》:"问:'如何是道?'师曰:'放汝三
十棒。'曰:'为甚么如此?'师曰:'杀人可恕,无礼难容。'"恕,饶
恕、宽恕。

【译文】

即使杀人的缘由可以宽恕,也天理难容。

【点评】

本则表达杀人是无法容忍之事。

无论是什么样的理由,比如大义灭亲、过失杀人等情况,都不能成为
杀人的借口。杀人是一种刑事犯罪,在情理上是绝对不容许的,对杀人
者必须给予严惩。《水浒传》中,陆虞候火烧草料场要害林冲,被林冲发

现,林冲用刀逼着陆虞候的脸喝道:"泼贼,我自来又和你无甚么冤仇,你如何这等害我? 正是杀人可恕,情理难容。"

当然,对于犯罪分子或反社会人格的人,特警或狙击手正当执法,属于正义行为,不属于这两句话所讨论的范围。

二五四

乍富不知新受用①,乍贫难改旧家风②。

【注释】

①乍:刚刚,突然。 受用:享受,使用。

②家风:指家庭或家族世代相传的生活方式和作风。

【译文】

刚刚富裕起来,还不知道如何享用;突然贫穷下来,还难以改变过去奢华的生活方式。

【点评】

本则说旧习难改。

人们生活方式、生活习惯的转变是有一个过程的。生活条件、生活环境突然变化,人们往往一下子难以适应。在贫穷的环境中生活久了,突然富裕起来,因为未曾享受过奢华的生活,仍然会保持原来的生活习惯,不知道如何享受。反之,从富裕的生活突然转变到贫穷的生活,早已习惯大手大脚的人,也一下难以适应,即"由奢入俭难"。这两句暗含了一种对生活的无奈。

二五五

座上客常满,杯中酒不空①。

【注释】

①"座上客常满"二句:《后汉书·孔融传》:"岁余,复拜太中大夫。性宽容少忌,好士,喜诱益后进。及退闲职,宾客日盈其门。常叹曰:'坐上客恒满,尊中酒不空,吾无忧矣。'"

【译文】

家里经常宾客满座,杯中的美酒从来不空。

【点评】

本则讲为人处世所达到的一种理想状态。

这两句源自孔融的人生感慨。宾客满座,说明人缘好人脉广;酒杯不空,说明物质富足。如此则人生何忧? 为什么孔融会在"退闲职"以后反而"宾客日盈其门"呢? 这与他"性宽容少忌,好士,喜诱益后进"的性格品质密切相关。《后汉书·孔融传》叙述了孔融特别善于发现别人的优点,所以深受众人的信服:"融闻人之善,若出诸己,言有可采,必演而成之,面告其短,而退称所长,荐达贤士,多所奖进,知而未言,以为己过,故海内英俊皆信服之。"可见,这是他人品的力量,是他热心助人的回报,这才是值得我们关注的重点。

这两句话在后世很多文学作品中频频出现,如《醒世恒言·卢太学诗酒傲王侯》中说:"凡朋友去相访,必留连尽醉方止。因此四方慕名来者,络绎不绝。真个是:座上客常满,樽中酒不空。"《儿女英雄传》中云:"人无千日好,花无百日红。保不住杯中酒不空,又怎能保得住座上客常满?"

二五六

屋漏更遭连夜雨,行船又被打头风①。

【注释】

①"屋漏更遭连夜雨"二句:元高明《琵琶记》第二十三出《代尝汤

药》："屋漏更遭连夜雨。船迟又被打头风。奴家自从婆婆死后。万千狼狈。谁知公公病又将危。如今赎得些药。已煎在此。不免再安排一口粥汤。"屋漏更遭连夜雨,比喻连续发生变故,不幸的遭遇更加恶化。连夜雨,形容阴雨连绵。打头风,迎头大风,逆风。

【译文】

房屋本来就漏,又遭遇上连夜大雨;行船本来就难,又遇到了迎头大风。

【点评】

本则描述了一种艰难的处境。

常言道："福无双至,祸不单行。"人生不如意事十有八九。当主观和客观的不利因素恰巧碰到一起时,就难上加难了。杜甫在《茅屋为秋风所破歌》里就描写了"屋漏更遭连夜雨"的场景："布衾多年冷似铁,娇儿恶卧踏里裂。床头屋漏无干处,雨脚如麻未断绝。自经丧乱少睡眠,长夜沾湿何由彻!"冷秋之夜,娇儿恶卧,还有阴雨连绵,这滋味真是一言难尽。这是人生的至暗时刻,是对自我的挑战和考验。此时身心一定压力倍增,拥抱黑暗,调整心态、勇敢面对,在绝望中找到突破口,相信一定能"山重水复疑无路,柳暗花明又一村"。

二五七

笋因落箨方成竹[①],鱼为奔波始化龙。

【注释】

①箨(tuò):竹笋一层一层的外皮。

【译文】

笋因为外皮脱落才成长为竹子,鱼只有长途奔波才可以变成龙。

【点评】

本则说明历经磨难方得成功。

竹笋要经历不断掉皮、自我更新，才能高耸入云，长成参天之竹。传说，鱼必须长途跋涉，跳过龙门，才会变成龙。落箨和奔波的过程都是痛苦的，就像破茧成蝶，要经历脱胎换骨的成长和蜕变。

当然，并非所有的落箨之笋都会长成参天之竹，有些会悄悄萎缩，但要想成为参天之竹，必然要经历痛苦的磨砺。也并非所有经历风浪洗礼的鱼都会变化成龙，有的可能会葬送在大海之中，但如果不尝试，就永远无法成功。所以，这两句充满一种不止不息、积极向上的力量。

二五八

记得少年骑竹马[①]，看看又是白头翁[②]。

【注释】

①竹马：儿童放在胯下当马骑的竹竿。《后汉书·郭伋传》："始至行部，到西河美稷，有童儿数百，各骑竹马，道次迎拜。"此处指儿童小时候玩耍的场景。如唐李白在《长干行》中有言："郎骑竹马来，绕床弄青梅。同居长干里，两小无嫌猜。"

②白头翁：指白发苍苍的老人。唐王昌龄《题霸池》其二："借问白头翁，垂纶几年也？"

【译文】

还记得小时候一起骑竹马的情景，转眼间再看都已是白发老翁了。

【点评】

此则感叹时光易逝，人生易老。

小时候玩耍的情景仍然历历在目，可时光流逝，不知不觉中，人已老去，小时的伙伴皆已满头白发。此时此景，令人感叹逝者如斯。人生不可逆，岁月不可追。唐杜甫在《赠卫八处士》一诗中也表达了对时光飞逝、物是人非的感叹："人生不相见，动如参与商。今夕复何夕，共此灯烛光。少壮能几时，鬓发各已苍。访旧半为鬼，惊呼热中肠。"其中，"少壮能几时，鬓发各已苍"与这两句遥相照应。这种人生苦短、时光易逝的情感特别容易引发人的共鸣。

二五九

礼义生于富足，盗贼出于贫穷①。

【注释】

①"礼义生于富足"二句：汉王符《潜夫论·爱日》："是故礼义生于富足，盗窃起于贫穷，富足生于宽暇，贫穷起于无日。"

【译文】

礼法和道义从富足的生活中产生，抢劫偷窃的行为则由于生活贫穷而引起。

【点评】

本则揭示贫富与行为的关系。

物质文明是精神文明产生与发展的依据，人们首先要解决基本的物质生活需要，然后才可能讲究礼仪道德，建设精神文明。《管子》说："仓廪实而知礼节，衣食足而知荣辱。"要想百姓都懂得礼节，重视礼义，不做盗贼，就要把国家治理好了，让大家粮米满仓，衣食充足。

当然，仅以物质生活的贫困与否来推论人品的好坏，难免会陷于片面。正直的人，即使生活贫穷，也不会去盗窃；相反，贪婪的人，即使生活富足，也会侵占他人利益。

二六〇

天上众星皆拱北①，世间无水不朝东②。

【注释】

①众星皆拱北：众星环绕着北辰星。旧指有德的国君在位，就能得到天下臣民的拥戴。《论语·为政》："子曰：'为政以德，譬如北辰，居其所而众星拱之。'"拱，环绕。北，指北极星。

②无水不朝东：没有水不是向东流的。元李好古《张生煮海》第一折："（金盏儿）家住在碧云空，绿波中，有披鳞带角相随从，深居富贵水晶宫。我便是海中龙氏女，胜似那天上许飞琼。岂不知众星皆拱北，无水不朝东？"

【译文】

天上的星星都环绕着北极星旋转，世间的水都向东边流去。

【点评】

本则指世间万物都有自己的规律，不是人力能改变的。

北极星，也称北辰。古人通过观察，认为天上星星有一个中心，就是北极星，从而把北极星视为最尊贵的星，是天的中心。北极星不动，众星都围绕它而运转。中国的地势是西高东低，所以众多河流，总体上都是发源于西部向东流入大海。

其实，这两句话虽然表面上说的是自然现象，却在说万物皆有自己的规律和节奏。

二六一

君子安贫，达人知命①。

【注释】

①"君子安贫"二句：唐王勃《滕王阁序》："所赖君子安贫，达人知命。"君子安贫：一作"君子安平"。

【译文】

君子安分守己于贫困之中，通达之人知晓天命。

【点评】

本则教人安分守己，达观知命。

安贫乐道，是古代读书人的一种追求。"一箪食，一瓢饮，在陋巷"而不改其乐的颜回，已成为出色代表。这些读书人洁身自好，虽然生活清苦，却也乐在其中。战国时齐国的黔娄也是这样的人。黔娄无意仕进，屡次辞去诸侯聘请，安贫守贱。黔娄死后，曾子前去吊丧，黔娄之妻称赞黔娄："甘天下之淡味，安天下之卑位，不戚戚于贫贱，不汲汲于富贵。求仁而得仁，求义而得义。"陶渊明在《五柳先生传》中也描写了一位同道中人——五柳先生："环堵萧然，不蔽风日；短褐穿结，箪瓢屡空，晏如也。尝著文章自娱，颇示己志。忘怀得失，以此自终。"并以黔娄之妻的"不戚戚于贫贱，不汲汲于富贵"赞美他。

其实，在今天看来，如果安于贫穷的现状而不求改变，则是不思进取的表现了。

"达人知命"描述了通达之人的一种人生境界。在古代语境中，"知命"带有宿命论的色彩，这其实是一种消极的表现。一个通达的人能够通晓自然规律和社会规律，能够按照规律积极面对生活中的各种情况，这才是积极的行为方式。

二六二

忠言逆耳利于行，良药苦口利于病①。

【注释】

①"忠言逆耳利于行"二句：《韩非子·外储说左上》："夫良药苦于口，而智者劝而饮之，知其入而已己疾也。忠言拂于耳，而明主

听之,知其可以致功也。"最早成型于《孔子家语·六本》:"孔子曰:'良药苦于口而利于病,忠言逆于耳而利于行。汤、武以谔谔而昌,桀、纣以唯唯而亡。君无争臣,父无争子,兄无争弟,士无争友,无其过者,未之有也。'"逆,违反,不顺。良药,也作"毒药"。《汉书·淮南衡山济北王传》:"毒药苦口利病,忠言逆耳利行。"

【译文】

忠言虽然不好听,却有益于行动;良药虽然喝起来苦口,却有利于治病。

【点评】

本则揭示要善于听取他人的意见。

良药苦口,忠言逆耳,但只有接受这些虽然暂时令人不悦、却对人有长期好处的事物,才能有益于人生。楚汉相争时,刘邦率军进入咸阳后,被阿房宫中的美色珍玩吸引,忘乎所以,准备留在秦宫里玩个尽兴。他的连襟兄弟樊哙劝他,他也置若罔闻。张良入宫直谏:"今始入秦,即安其乐,此所谓'助桀为虐'。且'忠言逆耳利于行,毒药苦口利于病',愿沛公听樊哙言。"刘邦这才离了秦宫,到咸阳郊外的霸上驻扎,不许扰民。唐太宗李世民也是因为善于纳谏,能听进逆耳的忠言,所以开创了中国历史上的太平盛世。如果只听顺耳的话,那么就会无意之间聚集一群溜须拍马之徒、阿谀奉承之辈,久而久之终会受其所害。闻过则喜,知错就改。这样才能更好地自我成长,成就未来。

二六三

顺天者存,逆天者亡①。

【注释】

①"顺天者存"二句:《孟子·离娄上》:"孟子曰:'天下有道,小德役

大德，小贤役大贤；天下无道，小役大，弱役强。斯二者，天也。顺天者存，逆天者亡。'"顺，顺应。天，天道，自然法则、规律。逆，违背。这两句也作"顺天者昌，逆天者亡"。

【译文】

顺应天道者就生存下来，违背天道的就必然灭亡。

【点评】

本则强调应遵循天道办事。

天道在这里指自然法则和事物发展的客观规律。事物的发展与消亡都是有规律的，那些顺应时代潮流、符合民意、顺应事物发展方向的就能很好地发展起来，反之则会被时代所抛弃、被人民所唾弃。

遵循规律做事情才是取得成功的关键，违反规律做事情必然走向失败。

二六四

人为财死，鸟为食亡[1]。

【注释】

[1] "人为财死"二句：《梦笔生花·杭州俗语杂对》："兵来将挡，水来土掩；人为财死，鸟为食亡。"鸟为食亡，鸟因为食物而死亡。《吴越春秋·勾践阴谋传》："大夫种曰：'臣闻高飞之鸟，死于美食。'"

【译文】

人为谋取钱财而死，鸟为寻找食物而亡。

【点评】

本则言人与鸟为了生存而竭尽全力，甚至牺牲生命。

鸟为生存争夺食物，是自然法则。人类为了谋生，获得必要的钱财是可取的，但在能够解决生存的情况下，不择手段又永无止境地攫取钱财,则会招致灾难,甚至死亡。

人应该做钱财的主人,不能做钱财的奴隶,更不能做钱财的殉葬品。"君子爱财,取之有道",以正当的途径获取钱财才是可取的,才不会招致杀身之祸。

二六五

夫妻相好合,琴瑟与笙簧①。

【注释】

①"夫妻相好合"二句:《诗经·小雅·常棣》:"妻子好合,如鼓瑟琴。"瑟(sè)琴:指琴与瑟两种弦乐器。也用以比喻夫妻感情和谐或兄弟、朋友的融洽情谊。《诗经·周南·关雎》:"窈窕淑女,琴瑟友之。"笙簧(shēng huáng):指管乐器笙的簧片。代指奏乐,乐声,

【译文】

夫妻之间和和美美,就像琴瑟与笙簧一样音韵和谐。

【点评】

本则旨在夫妻和合。

和谐的夫妻关系是个人幸福的保障,也是家庭和谐、社会稳定的力量。夫妻恩爱和合,需要双方互敬互爱、互让互谅,有事同商,有难同当。

《后汉书·梁鸿传》就记载了汉时梁鸿与妻子孟光"举案齐眉"的故事。每当丈夫回家时,妻子孟光就托着放有饭菜的盘子,恭敬地送到丈夫面前。为了表示对丈夫的尊敬,孟光不仰视丈夫的脸,而是把盘子托得跟眉毛齐平,丈夫也总是礼貌地用双手接过盘子。后来,"举案齐眉"就成为赞美夫妻和合、婚姻美满的专用词。

二六六

有儿贫不久，无子富不长。

【译文】

有了儿子，贫穷就不会长久；没有儿子，富裕就不会长久。

【点评】

本则言男孩的重要性。

古代重男轻女思想盛行，所谓"不孝有三，无后为大"，其中的"后"即指儿子。"有儿贫不久"，从农业时代的实际情形看，有了儿子就有了劳动力，可以创造更多财富，所以"贫不久"。"无子富不长"也是这个道理。没有儿子就没有劳动力，从财富传承的角度，也会因无人继承而不能使财富得到长久地持有。"有子万事足，无官一身轻。"古代甚至当今，很多人一定要生个儿子方才罢休，正是子承父业传统观念的体现。

今天，男女平等，生男生女都一样，人们不会过分依赖子女，家庭财富的传承与有没有儿子没有直接关系。有的人甚至把身后财富捐献给慈善机构，财富传承观念与行为都已今非昔比。

二六七

善必寿老，恶必早亡。

【译文】

做善事必然健康长寿，做恶事必然早日死亡。

【点评】

本则探讨善恶与寿命的关系。

多做善事，助人为乐，自己也会身心愉悦，自然有益身心健康。做恶事的人,心怀鬼胎,惴惴不安,自然影响身心健康。从这个角度看,这两句是有一定道理的。然而,做善事的人也可能会因意外而早亡,做恶事的人也未必会遭受报应,俗语所说的"好人无长寿,歹人活不够"就反映了这一点。

虽然人的善恶与死亡没有必然的关系,但善恶对身心的影响还是存在的。"诸恶莫作,诸善奉行"应该成为做人的一贯行为。如果确实作恶多端,最终招致他人报复,或者触犯死刑,那就真的是"恶必早亡"了。

二六八

爽口食多偏作病,快心事过恐生殃①。

【注释】

①"爽口食多偏作病"二句:宋邵雍《伊川击壤集·仁者吟》:"爽口物多须作疾,快心事过必为殃。与其病后能求药,不若病前能自防。"爽口,清爽可口。殃,灾殃,灾祸。

【译文】

爽口的美味吃的多了反而会生病,高兴的事过了头恐怕要生出祸殃来。

【点评】

本则讲凡事适度,过则生祸。

"爽口食多偏作病"讲的是身体养生。爽口的美味虽然好吃,但吃多了容易积食或消化不良,反而令人生病。吃得过饱是养生大忌,如谚语"要想小儿安,三分饥与寒""吃饭要吃八分饱"讲的都是这个道理。

"快心事过恐生殃"即乐极生悲。遇到开心的事,高兴是人之常情,但过分高兴就会伤神害情,不利于身体健康。中医认为,"过喜伤心,过悲伤肺,过怒伤肝,忧思伤脾,惊恐伤肾。"如果再做出些过分的行为,反而会招惹不必要的麻烦,甚至灾难。比如《儒林外史》中范进中举的故事,就是快心事太过反而生出祸殃的例子。范进未中举前,被丈人胡屠户看不起,经常被骂得狗血喷头,当得知中了举人之后,"范进不看便罢,看了一遍,又念一遍,自己把两手拍了一下,笑了一声,道:'噫! 好了! 我中了!'说着,往后一交跌到,牙关咬紧,不省人事。"中举是"快心事",范进高兴过了头,反而生出疯癫来,造成了灾殃。

二六九

富贵定要安本分,贫穷不必枉思量①。

【注释】

①枉思量:胡思乱想。

【译文】

致富达贵一定要安守本分,身处贫穷不要有非分之想。

【点评】

本则旨在教人安守本分。

做人要安守本分,做事要遵循规矩。"君子爱财,取之有道"就是求富贵者安守本分的表现。

身处贫穷境地的人,也不要因急于摆脱贫困而有非分之想、非法之为。有的人因自身贫穷而起盗窃之心,行抢劫之事,这就是"枉思量""胆大妄为"了。摆脱贫穷困境还得靠自己的不懈努力,依法合理地取得改变。

二七〇

画水无风空作浪①,绣花虽好不闻香。

【注释】

①风：一作"鱼"。

【译文】

画中的水波涛滚滚，但听不见风浪声；绣的花虽然好看，却无法闻到香味。

【点评】

本则说空而无用，或美中不足。

反对空而无用，追求实用，对做事而言十分重要。不搞花架子，不徒有虚名，讲实际，务实效，才能做好事情。从务实角度看，本则与"牡丹花好空入目，枣花虽小结实成"的观点相类似。换个角度，本则也可看作对美中不足的感叹。

另一方面，"画水""绣花"的目的本不在实用，而在于审美，以实用否定审美，这种看法也是不可取的。

二七一

贪他一斗米，失却半年粮①。争他一脚豚②，反失一肘羊。

【注释】

①"贪他一斗米"二句：南唐释静、释筠《祖堂集·南唐和尚》："保福代云：'和尚贪他一斗米，失却半年粮。'"

②一脚豚（tún）：一个猪蹄。豚，小猪，亦泛指猪。

【译文】

贪图他人一斗米，反而失去了半年的粮食；争了别人的一个猪蹄，反而失掉了一个羊肘子。

【点评】

本则告诫莫贪小失大。

　　爱贪小便宜,是人性的弱点。有些人遇事多算计,以占他人便宜为乐,结果因小失大。俗语中的"捡了芝麻,丢了西瓜",就是对贪小失大的通俗反映。

　　贪小便宜的人,往往会铸成人生大错。很多骗子就是利用人们爱占小便宜的心理行骗。谨记"贪小便宜吃大亏,不图便宜不上当",才可能避免贪小失大。

二七二

龙归晚洞云犹湿,麝过青山草木香①。

【注释】

①麝(shè):又称香獐,哺乳动物,体形像牛而稍小,皮下有腺体,分泌物有特殊气味,名麝香。谚语云:"有麝自然香,何须迎风扬。"

【译文】

龙晚上归洞时所过之处云彩都是湿润的,麝走过山地连草木也带有香味。

【点评】

本则说附带影响。

《荀子》云:"蛟龙生焉,风雨兴焉。"传说龙潜于深渊,乘风云而行,乃兴雨之物,下完了雨,龙离开了,云却还是湿着。麝因为带有麝香,所过之处也留有香味。这两者都表明了一物对其他事物的附带影响。

类推到人类社会,世界都是联系在一起的,人类是一个命运共同体,一个人的高尚行为能给众人带来好处与利益。

二七三

平生只会量人短，何不回头把自量。

【译文】

一辈子只会议论他人的短处，为什么不反思一下自己身上的缺点呢？

【点评】

本则讽刺只看到别人的缺点而不知反省的人，教人自省。

做人要常思己过，莫论人非，就像曾子那样："吾日三省吾身：'为人谋而不忠乎？与朋友交而不信乎？传不习乎？'"经常对自己的言行进行反思，这样才能不断自我成长；以"责人之心责己，恕己之心恕人"，这样人与人的关系才能更融洽。

一个人如果只知揭人短处，而不自我反思，就会反受其害。据史书记载，孔子向老子问礼，离开时，老子送他说："现在的读书人，聪慧明察，看问题很深刻，然而却丢了性命，这是因为好讥讽议论别人。学识渊博，能言善辩，却处于危险境地，这是因为他好揭发别人的隐私和短处。"老子的话说明，好讥讽议论他人、揭发他人隐私和短处，最终自己会深受其害。

二七四

见善如不及，见恶如探汤①。

【注释】

①"见善如不及"二句：《论语·季氏》："子曰：'见善如不及，见不善如探汤。吾见其人矣，吾闻其语矣。'"汤，开水，热水。

【译文】

看到好的事情要仿效学习,唯恐自己跟不上;看见坏的事情要避之唯恐不及,就像把手伸进开水一样。

【点评】

本则劝人就善避恶。

做人要是非清楚,善恶明晰,爱憎分明。看到好人好事,就要见贤思齐,虚心学习,这就是"就善"。遇到恶人坏事,就要反思自己,绝不碰触邪恶,这就是"避恶"。

"见恶如探汤",一种理解是遇到恶人恶事就赶紧躲避。对于没有能力与坏人恶事做斗争的小孩子,这是十分必要的。作为一个成年人,遇到恶人恶事应该见义勇为,同坏人恶事斗智斗勇,弘扬社会正气,打击歪风邪气。

二七五

人贫志短,马瘦毛长^①。

【注释】

①"人贫志短"二句:《五灯会元》第十九卷:"问:'祖意教意,是同是别?'师曰:'人贫志短,马瘦毛长。'"

【译文】

人贫穷了,志向就短缺了;马变瘦了,毛就显得长了。

【点评】

本则感叹困境对人的影响。

人的志向与现实处境有关系,但并非因果关系。人穷并不一定志短。古往今来,穷且益坚者不胜枚举。

正确对待人生的困境,可以磨砺意志,激发斗志。北宋哲学家张载

《西铭》中有一句话："富贵福泽,将厚吾之生也;贫贱忧戚,庸玉汝于成也。""艰难困苦,玉汝于成",说的也是这个道理。

二七六

自己心里急,他人未知忙。

【译文】

自己的事自己心里着急,别人不会因你急而忙乱。

【点评】

本则说遇事难求他人相助。

自己的事情,因与他人无关,他人自然不会为之着急。这本无可厚非。

这两句话在一定程度上是对人际交往客观现实的一种反映。如果想寻求帮助,就要及时求助。求对人,办对事,事情就能顺利解决了。雪中送炭或锦上添花,都是人与人关系的一种美好体现。

二七七

贫无达士将金赠,病有高人说药方①。

【注释】

①"贫无达士将金赠"二句:《全宋文·外科精要序》:"又有道听涂说之人,远来问病,自逞了了,诈作明能,谈说异端。或云是虚,或云是实。出示一方,力言奇效,奏于某处。此等之人,皆是贡谀,其实皆未曾经历一病,初无寸长。病家无主,易于摇惑,欲于速效,又喜不费资财,更不待医者商议可服不可服,即欲投之,倏然至祸,各自走散。古人云:'贫无达士将金赠,病有闲人说药方。'

此世之通患，历代不能革。"达士，明智达理之士，见识高超、不同
于流俗的人。《吕氏春秋·知分》："达士者，达乎死生之分。"

【译文】

贫穷了不会有仗义的人赠送你钱财，生病时倒有人告诉你治病的
良方。

【点评】

本则说明脱贫还得靠自己，治病还须依他人。

对于贫穷的人，不主张以赠送钱财的方式给予帮助。"救急不救贫"
是助人的一个原则。有的人因懒惰而贫穷，如果给予金钱的帮助，他们
不改掉懒惰的习惯，把金钱消耗了，会再次进入贫穷状态。资助这样的
人，只会滋长他们的惰性与依赖性。

对于生病的人，则要给予积极的救助。当有人生病时，有不少人会
帮着出主意、讲药方。当然，这种情况是在古代社会，现在行医要有资
格，不是医生，不能给人乱开药方。

二七八

触来莫与竞，事过心清凉①。

【注释】

①"触来莫与竞"二句：据《黄庭坚诗集注·梦中和觞字韵》，在"作
云作雨手翻覆，得马失马心清凉"二句之后，注者（任渊、史容、史
季温）引用了《淮南子》中"塞翁失马"的事例，并在最后说："居一
年，胡人入塞，丁壮死者十九，此独以跛之故，父子相保。仙人遏末
曲曰：'触来勿与竞，事过心清凉。'"触，触犯。竞，争辩，争高下。

【译文】

如果有人触犯自己，不要与他争辩；事情过去之后，心情自然平静。

【点评】

本则旨在劝人"不争"。

遇事应保持冷静、宽容的状态，能放过就放过，退一步海阔天空。无谓的争执，不仅不容易赢，还会消耗精力，甚至得不偿失，两败俱伤。

《世说新语·雅量》记载：支道林要回会稽，当时的名士们到征虏亭为他送行。蔡子叔先到，坐得靠近支道林。谢万石后来，坐得离支道林稍远。蔡子叔中途离开了一会儿，谢万石就移到他的座位上。蔡子叔回来，连着座垫一起把谢万石掀倒在地。谢万石被摔得头巾都掉了，然而他起身后神情极为平和，毫无恼怒之意，对蔡子叔说："你真是个怪人，差点儿弄伤了我的脸。"蔡回答："我本来就没有考虑过你的脸面。"说过后，两个人竟然都毫不介意。谢万石在面对他人的触犯时，没有与之发生争执，过后也风平浪静，可谓"触来莫与竞，事过心清凉"了。

当然，事情到底争还是不争，要视具体情况而定，如果是涉及原则性问题，则该争必争。有些事情，如果一开始不争，他人得寸进尺，以后也会后患无穷。

二七九

秋至满山多秀色①，春来无处不花香。

【注释】

①秀色：秀丽的景色。

【译文】

秋天到了，漫山遍野都是秀丽的景色；春天来了，到处都弥漫着花香。

【点评】

本则描述时至花开的自然状态，透露出岁月静好的满足之感，表达了作者对自然之美的感受和体悟。

　　自然界中事物的出现与时节有关。时节到了,物候自然就出现了。《诗经》的"七月流火""八月剥枣""十月获稻"等等,都是物候的体现。又如"二十四番花信风",就是应花期而来的风。《呻吟语》言:"山峙川流、鸟啼花落、风清月白,自是各适其天,各得其分。"

　　在散文《记承天寺夜游》中,苏轼记载了自己邀约张怀民赏月散步的情景,最后说:"何夜无月?何处无竹柏?但少闲人如吾两人耳。"江山风月,本来没有固定不变的主人,闲者便是主人。只有具备了闲适的心境,人们才能对自然美的千姿百态达到真正的审美把握和艺术享受。正如宋释绍昙在禅诗《颂古》中写道:"春有百花秋有月,夏有凉风冬有雪。莫将闲事挂心头,便是人间好时节。"这首禅诗可与这两句遥相呼应。这种清净淡泊之心,是一种理想的人生状态。

　　时至花开,自然界是如此,人生又何尝不是呢?每个生命都有自己的节奏,顺势而为,静待花开。

二八〇

　　凡人不可面相,海水不可斗量①。

【注释】

①"凡人不可面相"二句:元无名氏《小尉迟》二折:"老将军,古语有云:'凡人不可貌相,海水不可斗量',休轻觑了也!"海水不可斗量,《淮南子·泰族训》:"故九州不可顷亩也,八极不可道里也,太山不可丈尺也,江海不可斗斛也。故大人者,与天地合德,日月合明,鬼神合灵,与四时合信。"面,一作"貌"。

【译文】

　　人不可根据相貌来判断,海水不能用斗来度量。

【点评】

本则旨在不以貌取人。

一个人的才华等内在品质,与他的相貌、衣着等没有必然关系,只从外表进行考察就会有所偏失。

据《史记·仲尼弟子列传》记载,孔子有个学生叫澹台灭明(字子羽),面貌极丑,孔子认为他没有多大才能。后来,子羽由于勤奋好学,成为著名学者。另一个学生叫宰予(字子我),长得仪表堂堂,又能说会道,孔子认为他将来一定很有出息。然而,宰予非常懒惰,孔子认为他言行不一,曾骂他"朽木不可雕也"。后来,孔子感慨道:"吾以言取人,失之宰予;以貌取人,失之子羽。"可见,孔子对自己"以言取人""以貌取人"的方式进行了反思。

三国时的曹操,也亲自试验过"不可以貌取人"。《世说新语·容止》记载,曹操要接见匈奴的使者,他自认为貌不惊人,不足以威慑对方,就让体态雄伟的崔季珪代替他接见,他自己则握刀站在崔季珪身旁做侍从。接待完毕,曹操命令间谍问匈奴使者:"魏王这人怎么样?"匈奴使者回答说:"魏王雅望非常,然床头捉刀人,此乃英雄也。"匈奴使者能够看出曹操才是真正的英雄,眼光非凡,可见仪容外表并不能掩盖一个人真正的风度内涵。

二八一

清清之水①,为土所防②。济济之士③,为酒所伤。

【注释】

①清清之水:《五灯会元》:"问:'如何是道?'师曰:'太阳溢目,万里不挂片云。'曰:'不会。'师曰:'清清之水,游鱼自迷。'问:'如何是本?'师曰:'饮水不迷源。'"

②防:拦挡,阻挡。

③济济之士:众多的才士。《诗经·大雅·文王》:"世之不显,厥犹翼翼。思皇多士,生此王国。王国克生,维周之桢。济济多士,文王以宁。"济济,形容人多。

【译文】

清清的水被土所阻挡,众多的才士被酒所伤害。

【点评】

本则劝人戒酒。

酒能养生,也能害命。酒能成事,也能误事。许多英雄,因醉酒而亡,甚至使一世功名付诸流水。三国时的张飞就是其中一例。张飞脾气十分暴躁。在阆中镇守时,听闻关羽被害,悲痛不已。诸位将领以酒相劝,张飞酒醉后,怒气更大。帐上帐下,只要士兵有过失,张飞就鞭打他们,以至于多有被鞭打至死的。范疆、张达是张飞帐下两员末将,受到张飞责打,趁张飞醉酒之际,将他杀害。张飞因酒致死,足以令人引以为戒。饮酒要把握时间和场合,关键是要把握度。若是嗜酒成性,因酒致命,那就得不偿失了。

二八二

蒿草之下①,或有兰香。茅茨之屋②,或有公王。

【注释】

①蒿草:败坏田地的草。

②茅茨之屋:茅草盖的屋。《全宋文·问三代汉唐太学养士之法》:"坐茅茨之屋,操南风之琴,可以为陶唐氏、有虞氏乎?曰:尧舜之所以为尧舜,不在是也。"

【译文】

蒿草下面可能长出芳香的兰花,茅草屋里也可能生出王侯。

【点评】

本则讲环境与成才的关系。

英雄不论出处。"王侯将相,宁有种乎?"每个人的成长环境不尽相同,但只要不断突破自己,做出人生正确选择,都可以创造自己的命运。

自古英雄出寒家,从来纨绔少伟男。历史上有很多人都是从贫寒出身,最终成为一代王侯的,刘邦、韩信、朱元璋等人都是大家熟悉的例子。一个人能否成才,能否取得成就,与他的家庭出身没有本质联系,关键是靠个人的后天努力和奋斗。

二八三

无限朱门生饿殍,几多白屋出公卿①。

【注释】

① "无限朱门生饿殍(piǎo)"二句:《全宋文·劝积阴德文》:"君不见无限朱门生饿殍,几多白屋出朝郎。岂因风水能如此,盖为前人行短长。风水人间不可无,亦须阴德两相扶。若无阴德凭风水,再生郭璞也难图。"朱门,红色大门。古代王公贵族大门往往漆成红色,后因此指豪门权贵。饿殍,饿死在路旁的人。白屋,无彩饰的房屋,古代为平民之居,因以代指清贫之家或平民百姓。公卿,"三公九卿"的简称,泛指朝廷中的高级官员。

【译文】

许多豪门贵族之家产生了很多饿死的子弟,很多贫寒之家却培养出了公卿王侯。

【点评】

本则讲穷达变化。

豪门贵族得势时耀武扬威,风光无限,失势后会变得悲惨,甚至家破人亡。《红楼梦》中,四大家族繁盛时,有权有势,极尽奢华;失势后,树倒猢狲散,家族变得支离破碎,一败涂地。许多贫穷之家,由于教子有方,也可以培养达官贵人。又或者,有人虽出身贫寒,却志向远大,凭借个人奋斗,终至公卿王侯。"寒门生贵子,白屋出公卿"也在表达相同的意思。

此则给人的警示是,即使身处高官富贵中,也要时时警惕,不因富贵而挥霍浪费,以防止出现家破人亡的悲剧;即使生在贫寒之家,也不要自我放弃,而是要奋发图强,立志成才。

二八四

醉后乾坤大①,壶中日月长②。

【注释】

①乾坤:中国古代哲学的一对范畴。指天地或阴阳两个对立面。《周易》用"乾"表示天和阳,用"坤"表示地和阴。后用来泛指天地。

②壶中日月长:指道家神仙般的生活。《伊川击壤集·小圃逢春》:"事到悟来全偶尔,天教闲去岂徒然。壶中日月长多少,烂占风光十二年。"本句一作"闲中日月长"。《伊川击壤集·何处是仙乡》:"静处乾坤大,闲中日月长。若能安得分,都胜别思量。"

【译文】

喝醉之后就会感到天地广阔,进入神仙世界则会觉得时间漫长。

【点评】

本则记对空间与时间的感觉。

喝醉之后，并不是天地真的变大了，而是自己不知天高地厚了。靠饮酒产生的幻觉来度日，终归是幻象，是错觉，不是现实。这种醉生梦死的态度并不可取。

"壶中日月"有两种理解：一种把壶理解为酒壶。借酒度日，感觉日月漫长。一种指道家或神仙般的生活。据《后汉书·费长房传》《神仙传》等记载，有神仙名叫壶公，在长安卖药，天黑之后就躲入壶中。有个叫费长房的人，知道壶公不是一般人，天天到他座前扫地，并供他吃喝。后来，壶公带领费长房进入壶中，使他得以看到仙宫里才有的世界。

"壶中日月长"一作"闲中日月长"，清闲的时候就会觉得日子漫长。时间是一种客观存在，但人对时间的感觉却因自己的繁忙或清闲而出现差异。人在忙碌时，总感觉时间过得很快，闲下来时，空虚寂寞之感涌上心头，此时，时间会变得无聊而漫长。正如宋陆游在《杂赋》里写道："老叹朋侪尽，闲知岁月长。柴门偶一出，倚杖立斜阳。"

把喝醉酒后的感觉，说成是神仙一样的生活，其实是一种自欺欺人的做法。

二八五

万事皆先定，浮生空自忙①。

【注释】

① "万事皆先定"二句：《全元曲·风雨像生货郎旦》："耕牛无宿草，仓鼠有余粮。万事分已定，浮生空自忙。"

【译文】

所有的事情都早已命中注定，这辈子的忙碌都是枉然空忙。

【点评】

这是宿命论的典型观点，它消解了人的主观能动性。

　　《了凡四训》一书记载了袁了凡打破命定论的故事。袁了凡早年的命运被一位算命高手算定,他每次考试的名次和工作后升迁的情况等都被算得丝毫不差。从此,袁了凡也就完全相信了命运的安排,真的抱着"命里有时终须有,命里无时莫强求"的态度消磨度日了。按算命先生的说法,他命里无子,只能活到53岁。这样的命运结局未免让他伤感悲凉。36岁时,他拜访云谷禅师。经过点拨,袁了凡领悟了立命之学,明白了命运掌握在自己手中,只要积善累德、谦恭卑下,就能求福得福,善报无尽。他运用云谷禅师传授的方法修行,命运彻底改变了。后来,他不仅有了两个儿子,还活到了73岁。袁了凡以自己改变命运的经验来"现身说法",说明了"命由我作,福自己求",人们完全可以掌握和改变自己的命运,自求多福。

二八六

千里送毫毛^①,寄物不寄失。

【注释】

①千里送毫毛:比喻礼物虽如毫毛般微薄,情谊却很深厚。宋欧阳修《梅圣俞寄银杏》诗:"鹅毛赠千里,所重以其人。鸭脚虽百个,得之诚可珍。"据明代书画家、文学家徐渭《青藤山人路史》记载:"云南俗传,昔代土官缅氏,遣缅伯高贡天鹅于中朝,过沔阳,浴之,飞去,俄堕一翎。高拾之,至阙下,上其翎,作口号云:'将鹅贡唐朝,山高路远遥。沔阳湖失去,倒地哭号号。上覆唐天子,可饶缅伯高。礼轻人意重,千里送鹅毛。'"按:此不知何祖,恐属傅会之说。毫毛,人或鸟兽身上的细毛或长毛。比喻极细微的事物。

【译文】

千里之外帮人寄送毫毛般轻微的物品,也不能有所丢失。

【点评】

本则讲重视信誉。

本句中的"毫毛"指像毫毛一般极细微的物品。受人委托寄送东西,哪怕是再细小的物品,也不能弄丢了。一则是职责所在,"受人之托,忠人之事";二则物品虽然轻微,但对于寄送方和接受者来说都是有特殊纪念意义的。完整而及时地把所托物品送至接受者手中,寄送人才算胜利完成任务。

本则一作"千里送毫(鹅)毛,礼轻情(人)意重"。意思是从千里之外送来一根细毛(或鹅毛),礼物虽然很轻,但情意很重。本则旨在教人珍惜他人美好的情谊。跨越千山万水,所送物品的大小多少已经不重要,重要的是这份难得的心思,就像"江南无所有,聊赠一枝春"。

其实,即使不是千里相赠,只要有情有意,都是值得珍重的。

二八七

一人传虚,百人传实①。

【注释】

①"一人传虚"二句:南唐释静、释筠《祖堂集·齐云和尚》:"师有时上堂,蓦地起来,伸手云:'乞取些子,乞取籹子。'又云:'一人传虚,万人传实。'"

【译文】

一个人传说某件事会被认定为虚假,百人相传就会被认为是真实的了。

【点评】

本则慨叹谎言重复后会被当作真理。

《战国策》记载了曾参遭误传杀人的故事。曾子住在费这个地方时，有个与曾子同名同姓的族人杀了人。"人告曾子之母曰：'曾参杀人！'曾子之母曰：'吾子不杀人。'织自若。有顷焉，人又曰：'曾参杀人。'其母尚织自若也。顷之，一人又告之曰：'曾参杀人。'其母惧，投杼逾墙而走。"后来，等曾子回到家，一切才真相大白。谣言被传三次，连自己的母亲都起了疑心，何况他人呢？"众口铄金，积毁销骨。"流言可畏，令人不寒而栗。

《韩非子·内储说上》所载"三人成虎"的故事也是一样的道理。"庞恭与太子质于邯郸，谓魏王曰：'今一人言市有虎，王信之乎？'曰：'不信。''二人言市有虎，王信之乎？'曰：'不信。''三人言市有虎，王信之乎？'王曰：'寡人信之。'庞恭曰：'夫市之无虎也明矣，然而三人言而成虎。今邯郸之去魏也远于市，议臣者过于三人，愿王察之。'"遗憾的是，尽管庞恭有言在先，等他从邯郸返回时，还是没有被魏王接见。

谎言重复千遍，就会被当作真理。大街上根本没有老虎，这是确凿无疑的，只是因为人们都这么说，才会被当成真有其事。

上述两则故事告诉我们，在现实生活中既不要信谣，更不能传谣，要善于从纷繁复杂的社会中认真分析，谨慎思考，要时刻保持一颗清醒的头脑，保持判断力。

二八八

世事明如镜，前程暗似漆。

【译文】

世上的事像明镜一般清朗明亮，而个人的前程却像漆一样黑暗无边。

【点评】

本则慨叹怀才不遇，前途黑暗。

"世事明如镜"是一句反语，作者不便对当时的政治做出直接的批判,为了自我保护,只能用这样的方式来表达。封建社会政治的黑暗使得很多饱学之士没有机会被重用,即使有些人已经到了一定的位置上,也无法发挥自己的才华,由此发出"前程暗似漆"的慨叹。

二八九

人生一世,如驹过隙①。

【注释】

①"人生一世"二句:《庄子·知北游》:"人生天地之间,若白驹之过隙,忽然而已。"驹,少壮的骏马。隙,缝隙。

【译文】

人生一世,犹如白驹过隙,一闪而过。

【点评】

本则慨叹时光易逝,人生短暂。

人生苦短,如白驹过隙,只是一瞬间的事。庄子对时间的这个比喻十分犀利。古人对时间的比喻很多,如本书的"人生一世,草木一春""光阴似箭,日月如梭"等。

"流光容易把人抛,红了樱桃,绿了芭蕉。"面对有限的人生,如何利用时间,就成为一个人需要认真思考的终极问题。

二九〇

良田万顷,日食一升。大厦千间,夜眠八尺①。

【注释】

①"良田万顷"四句:《全宋文》吕颐浩《与雪峰清了书》:"某幼年闻

真定赜老云：'良田万顷，日食二升。广厦千间，夜眠八尺。'"在《记陈彦升事》一文中，吕颐浩再次提及此人："陈彦升有甥孙无求，业进士，博学能文。因览照而悟，遂祝发为僧，改名宗颐。住真定府洪济寺，踰三纪。其《语录》云：'良田万顷，日食二升；广厦千间，夜卧八尺。'士人传诵。后住真州长卢寺，寿八十余卒。推此语，则所向足矣！"顷，田地面积单位。一顷等于一百亩。

【译文】

即使家有良田万顷，每日吃的也不过一升；即使拥有大厦千万间，晚上睡的地方也不过八尺大小。

【点评】

这一则教人戒贪。

人真正的日常所需是有限的，但人的欲望往往是无限的。

《射雕英雄传》第四十回"华山论剑"中，郭靖问成吉思汗："人死之后，葬在地下，占得多少土地？"成吉思汗一怔，马鞭打个圈儿，道："那也不过这般大小。"郭靖道："是啊，那你杀这么多人，流这么多血，占了这么多国土，到头来又有何用？"成吉思汗默然不语。小说的这番对话与本则内容有异曲同工之妙，都富有哲理，发人深省。

二九一

千经万典，孝义为先①。

【注释】

①"千经万典"二句：元史弼编《景行录》："千经万典，孝义为先。天上人间，方便第一。"孝义为先，一作"孝弟为先"。

【译文】

千万的经典，都把孝义摆在首位。

【点评】

本则强调孝与义。

"百善孝为先。"封建时代，"孝"是维持社会制度和伦理秩序的基本道德力量，是为人处世的重要法则。《论语·学而》云："孝弟也者，其为仁之本与！"后来，出现了专门阐述孝道的《孝经》，《孝经》被视为科举仕宦的阶梯、伦理道德的规范。至元代，"二十四孝"的故事广为流传。孝敬父母，天经地义，也是中华民族的传统美德，应该发扬光大。但要反对"愚孝"，比如"郭巨埋儿""卧冰求鲤"等"愚孝"就很不可取。

"义"指仁义、道义等是儒家文化的重要思想。孔子十分重视"义"，提出"君子义以为上。君子有勇而无义为乱，小人有勇而无义为盗""君子喻于义，小人喻于利"等观点。孟子进一步阐释了"义"，甚至提出"舍生取义"的命题。本书也有很多地方提及"义"，如"钱财如粪土，仁义值千金"。"仁义"可谓中华文化传统美德的最高准则。

二九二

一字入公门，九牛拖不出①。

【注释】

①"一字入公门"二句：《五灯会元》："问：'无为无事人，犹是金锁难。未审过在甚么处？'师曰：'一字入公门，九牛曳不出。'曰：'学人未晓，乞师方便。'师曰：'大庾岭头，笑却成哭。'"一字，这里指一纸讼状。

【译文】

一旦一纸讼状送进衙门，九头牛的力气也拖不出来。

【点评】

本则喻指诉讼之难。

　　封建社会,官府黑暗,司法腐败,百姓打官司难。一旦开始诉讼,就麻烦缠身,难以摆脱。一方面是时间上的漫无边际,长拖不决;一方面是金钱上的不断投入,无底无边。即使是被冤枉的,一旦吃了官司,也很难尽快洗冤。很多人家往往就被一个小官司给拖累了。鉴于此,百姓有"打死不打官司"之说。

　　司法腐败也造成了大量冤狱。元代关汉卿杂剧《窦娥冤》中被冤枉的窦娥,清代曹雪芹《红楼梦》贾雨村徇情枉法胡乱判案,都是对现实冤狱的艺术反映。《红楼梦》中,贾雨村到应天府上任后,接手的第一个案子就是冯渊的人命案。当听说冯家的仆人告了一年的状,竟无人做主时,贾雨村新官上任,本想当一回包青天,但在各种利益的权衡下,最终胡乱判了此案。

二九三

衙门八字开①,有理无钱休进来。

【注释】

①衙门八字:旧时官署衙门的门墙呈八字形。俗话说:"天下衙门朝南开。"这是由于传统的衙署坐北朝南决定的。

【译文】

官衙的大门向南敞开着,但只有理没有钱的人就不要进来。

【点评】

本则揭露旧衙门认钱不认理的黑暗。

　　封建社会的衙门大多腐败黑暗,贪官们官官相护,贪赃枉法,巧取豪夺,欺压百姓。没钱即使再有理,老百姓也打不赢官司。《北史·魏阳平王熙传》记载,后魏宗室拓跋庆智为人贪得无厌,任太尉主簿时,事无大小,得钱后才判。钱也不计多少,或十数钱,或二十钱,给就收下。府中称其为"十钱主簿"。可见，在拓跋庆智那里，要想不花钱就打官司是不可能的。正是因为司法黑暗，老百姓才特别企盼包青天那样公正无私的法官，对屈指可数的清官寄予了厚望。

二九四

富从升合起，贫因不算来①。

【注释】

①"富从升合起"二句：《全唐诗补编》："富从升合起，贫从不计来。"升合，容量单位。比喻数量很少。不算，不算计、不仔细计划。

【译文】

富裕源于一升一合的精打细算、节约积攒；贫穷则是由不加考虑、随意挥霍导致的。

【点评】

本则劝人节俭。

对普通家庭来说，勤俭持家才是过日子的正道。一方面要勤奋劳动，不断开源，增加家庭财富；另一方面也要注重节俭，把好节流，防止财富流失。持家过日子要学会精打细算，杜绝铺张浪费。

二九五

家中无才子，官从何处来①。

【注释】

①"家中无才子"二句：《全唐诗续拾》："天地平如水，王道自然开。家中无学子，官从何处来。"家中无才子，一作"家无读书子"。

【译文】

家中没有读书的才子,怎么能有人做官呢?

【点评】

本则讲家有才子的重要性。

中国古代是一个官本位的社会,"学而优则仕"是一条常规的人生出路。要想做官,就得读书成为才子。

当今社会,读书成为每个人适应社会工作的需要。不论从事何种工作,是不是做官,都越来越需要专业知识与技能,读书学习成为提升个人素养的根本。

二九六

万事不由人计较,一生都是命安排①。

【注释】

①"万事不由人计较"二句:《荆钗记》第二十三出《觅真》:"(末上)万事不由人计较,一生都是命安排。王秀才把荆钗为定,如何便得成亲。只因小娘子不从孙宅,老安人怂性,把他嫁了王秀才。"

【译文】

万事都不因为个人计较而改变,一生的贫富都是命中注定的。

【点评】

本则劝人认命。

这两句与"万事皆先定,浮生空自忙"一样,是宿命论思想的反映。若迷信命运,听从其摆布,只会过消极的人生,终将无所事事,走向平庸。

人是认识和改变世界的主体。每个人的命运都掌握在自己手中。

二九七

急行慢行,前程只有多少路。

【译文】

不管是快走,还是慢走,前程都只有那么多路,无法改变。

【点评】

本则在一定程度上也是一种宿命论观点。

人生有限,生命有终点。这两句话认为,无论快还是慢,人生所取得的结果都是一样的。这在一定程度上也抹杀了个人的积极性。

当然,人生全是慢行,可能也不行。慢行会贻误机会,浪费时间。人生应该把握恰当的节奏,张弛有度,快慢相间,该快进时要急行,该慢行时要享受,如此方不辜负了生命这一旅程。

二九八

人间私语,天闻若雷。暗室亏心,神目如电①。

【注释】

①"人间私语"四句:元无名氏《朱砂担滴水浮沤记》四折:"人间私语,天闻若雷。暗室亏心,神目如电。兀那铁幡竿白正,你还不认的我哩。你当日在我神庙中,滴水浮沤之下,将王文用图财致命,又淹死了他父亲,强夺了他妻室。你今日恶贯满盈,有何理说?"

【译文】

人间说私话,上天听得像打雷一样清楚;人做昧心事,神灵看得像闪电一样分明。

【点评】

本则劝人"慎独",不做亏心事。

背地里说的悄悄话，暗地里做的亏心事，上天与神灵都听得见，看得到。《全元诗》李孝光《四知图》："人间私语如雷动，暮夜如何可受金。政坐当年轻取友，故人不是不知心。"

民间俗语"人在做，天在看"与这几句意思一样，主要是提醒人们"慎独"，不欺人，不自欺。

二九九

一毫之恶，劝人莫作。一毫之善，与人方便^①。

【注释】

①"一毫之恶"四句：唐吕岩《劝世》："一毫之善，与人方便。一毫之恶，劝君莫作。衣食随缘，自然快乐。"

【译文】

一丝一毫的恶事，劝人不要去做；一丝一毫的好事，也要给别人方便。

【点评】

本则劝人弃恶积善。

大善大恶都是从细小发展起来的。点滴的善，不断积累，也可以成就大善。《尚书·旅獒》上说："不矜细行，终累大德。"点滴的恶，如果一开始不加遏制，发展下去可能会成为大恶。事物的变化都是由小变大，由量变到质变的。在小的行为上不谨慎，终究会连累到大的德行。所以"勿以恶小而为之，勿以善小而不为"。

三〇〇

亏人是祸，饶人是福^①。

【注释】

①"亏人是祸"二句：唐吕岩《劝世》："算是甚命，问什么卜。欺人
  是祸，饶人是福。"饶人，宽恕他人。

【译文】

欺负别人是灾祸，宽恕他人是福气。

【点评】

本则言亏欠别人是祸患，宽恕别人是福德。

亏欠别人，自己会良心不安，别人也可能会"以其人之道，还治其人
之身"。从这个意义上来说，亏欠他人就是祸害自己。

饶人就是宽以待人。孔子讲"恕"，即"己所不欲，勿施于人"，这是人
与人之间相处的黄金法则。北宋林逋《省心录》云："和以处众，宽以接下，
恕以待人，君子人也。""得饶人处且饶人"，尽量宽恕别人，是一种福报。

据《史记·秦本纪》载，秦缪公（一作秦穆公）外出时丢了马，他找
到时发现马已被人杀死，那些人正在吃马肉。他说："这是我的骏马啊。"
那些人吓得都连忙站了起来。秦缪公说："我听说吃马肉不喝酒会死人
的。"于是立即给每个人都赏了酒。三年后，晋国攻打秦国并围困了秦
缪公。那些吃马肉的人说，是时候拼死报答赏酒的恩人了。他们突破了
晋军的包围，秦缪公得以解围。可以说，正是因秦缪公当初的宽恕，才有
了后来他人的舍命相助。这个故事可以作为"饶人是福"的注脚吧。

三〇一

天眼恢恢，报应甚速。圣贤言语，神钦鬼伏①。

【注释】

①"天眼恢恢"四句：唐吕岩《劝世》："天眼昭昭，报应甚速。谛听
  吾言，神钦鬼伏。"天眼恢恢，一作"天网恢恢"。恢恢，

【译文】

天眼明察，做事报应来得很快。圣贤言语，神鬼听了都钦佩。

【点评】

本则警醒世人行正道，做善事。

把人世间的事情交由上天来判断，用善恶报应的思想来解释人间的行为，这是古人认识的局限。虽然如此，"天眼昭昭，报应甚速"仍然具有警示意义：既然人的所作所为都能够被上天明鉴，善恶的因果报应又十分快速，那人就应行正道，做善事。

另一方面，从"圣贤言语，神钦鬼伏"也可以看出圣贤话语的强大影响力。圣贤的言语为什么会有这么强大的力量呢？因为它们一般揭示了事物发展的规律和社会运行的法则，具有很强的指导性和预见性，令鬼神都为之惊叹和钦佩。

三〇二

人各有心①，心各有见。

【注释】

①人各有心：每人都有自己的打算。《三国志·魏书·三少帝纪》："孙休病死，主帅改易，国内乖违，人各有心。"

【译文】

每个人都有自己的打算，每人的打算都各有主见。

【点评】

本则说每个人都有自己的想法。

每个人都有自己的主张，难免会出现不同的意见。这是很正常的现象。如何对待这不同的意见呢？古人给出了一种合理的解决方案——"和而不同"。《论语·子路》："子曰：'君子和而不同，小人同而不和。'"

君子待人和谐友善,但不求与对方苟同;小人迎合对方,但内心却没有和谐友善的态度。"和而不同"就是尊重对方,但不强求对方与自己保持一致。这样的思想在指导人际交往以及社会沟通中具有重要的价值意义。

三〇三

口说不如身逢,耳闻不如目见^①。

【注释】

①"口说不如身逢"二句:《旧唐书·辛替否传》:"臣尝以为古之用度不时,爵赏不当,破家亡国者,口说不如身逢,耳闻不如眼见。"耳闻不如目见,源于汉刘向《说苑·政理》:"夫耳闻之,不如目见之;目见之,不如足践之。足践之,不如手辨之;人始入官,如入晦室,久而愈明,明乃治,治乃行。"

【译文】

嘴上说的不如亲身经历的实在,耳朵听到的不如亲眼看见的可靠。

【点评】

本则揭示把握事物的真相需要身体力行。

公元前61年,汉宣帝得知羌人叛乱,便派人问已七十有余的老将赵充国,谁可担任大将平乱。赵充国"毛遂自荐",汉宣帝又派人问需要多少人马迎战。赵充国说:"百闻不如一见,军情不能遥测。我愿到金城实地查看,弄清情况再制定方略。羌戎小贼,逆天背叛,很快就要灭亡。愿陛下将此事交给老臣,不必忧虑。"正因为赵充国不纸上谈兵,而是深入实地调查研究,才在进攻西羌时最终获得胜利。

三〇四

养军千日，用在一时①。

【注释】

①"养军千日"二句：元马致远《汉宫秋》第二折："我养军千日，用军一时。空有满朝文武，那一个与我退的番兵！都是些畏刀避箭的。"《晋书·文帝纪》："相府兵将，止不敢战。贾充叱曰：'公畜养汝辈，正为今日耳。'"乃此语所本。用在一时，一作"用在一朝"。

【译文】

长期供养和训练军队，为的是危急时刻能用兵打仗。

【点评】

本则揭示了一种长期战备、未雨绸缪的思想。

《南史·陈暄传》中有言："兵可千日而不用，不可一日而不备。"这里虽然说的是养军，对生活的其他方面也有借鉴意义。只有平时注重积蓄力量，在必要时才能够补给得上。

春秋战国时期的养士之风，与"养军千日，用在一时"的思想很相近。所谓"养士"，就是名门望族或大户人家供给那些有特殊本领的人衣食住行等，在重大问题或关键时刻请他们为自己出谋划策。当时，养士名气最大的实力派人物当属"四公子"：魏国信陵君、楚国春申君、赵国平原君、齐国孟尝君。比如齐国的孟尝君，喜欢招纳各种不同类型的人做门客，号称宾客三千。有一次，孟尝君出使秦国时被秦昭王扣留，他的一个食客装狗钻入秦营，偷出狐白裘献给昭王的爱妾，通过她说情放走了孟尝君。孟尝君逃至函谷关时，城门关闭，孟尝君的另一食客学鸡叫，引发众鸡齐鸣，骗开城门，孟尝君才得以逃回齐国。孟尝君平时养的这些"鸡鸣狗盗"之徒，在危机时刻起到了关键作用，可谓是"养军千日，用在一时"。

三〇五

国清才子贵,家富小儿骄①。

【注释】

①"国清才子贵"二句:《五灯会元·宝峰克文禅师》:"上堂:'裈无裆,裤无口。头上青灰三五斗。赵州老汉少卖弄,然则国清才子贵,家富小儿骄。其奈禾黍不阳艳,竞栽桃李春,翻令力耕者,半作卖花人。'"

【译文】

国家政治清明,有才华的人就受到尊重;家庭富裕了,孩子就容易被骄纵。

【点评】

本则旨在尊重人才,但不要骄纵孩子。

从古至今,人才都是决定民族兴亡、国家发展的重要资源。国家政治清明,人才就会受到重视。人才受到重视,国家才能更好地发展。周公(姬旦)为了招聘天下英才,"一沐三握发,一饭三吐哺",迫不及待地去接待贤士。"周公吐哺"也成为流传千古的重视人才的成语。曹操在《短歌行》中也赞叹"周公吐哺,天下归心"。

富裕的家庭,由于经济条件好,加之爱子心切,就容易对后代娇生惯养。这样的孩子往往自负自大,骄纵蛮横。"家富小儿骄"提醒人们,对子女应疼爱但不能溺爱。

三〇六

利刀割体痕犹合,恶语伤人恨不消①。

【注释】

①"利刀割体痕犹合"二句:《五灯会元·法昌倚遇禅师》:"上堂:
　　'汝若退身千尺,我便当处生芽。汝若觌面相呈,我便藏身露影。
　　汝若春池拾砾,我便撒下明珠。直得水洒不着,风吹不入,如个无
　　孔铁锤相似。且道法昌还有为人处也无?'良久曰:'利刀割肉疮
　　犹合,恶语伤人恨不销。'"

【译文】

锋利的刀刃割伤了身体,疮口容易愈合;恶毒的语言中伤了人,积下
的仇恨却不容易消除。

【点评】

本则戒恶语伤人。

本则与"伤人一语,利如刀割""好言难得,恶语易施""良言一句三
冬暖,恶语伤人六月寒"等意思相同,劝人勿恶语伤人。

三〇七

公道世间惟白发,贵人头上不曾饶①。

【注释】

①"公道世间惟白发"二句:唐杜牧《送隐者一绝》:"无媒径路草萧
　　萧,自古云林远市朝。公道世间唯白发,贵人头上不曾饶。"

【译文】

世间只有白发最公道,即使是达官贵人的头上也决不饶过。

【点评】

本则呼吁世间公道,并感叹时间之公正。

在这首诗里,杜牧揭露了世间的不公,暗示自己求官"无媒",怀才
不遇。杜牧叹息英雄无用武之地,痛恨扼杀人才的社会势力,呼吁世间

公道。南宋胡仔《苕溪渔隐丛话》中云："牧之云：'无媒径路草萧萧，自古云林远市朝。公道世间惟白发，贵人头上不曾饶。'罗邺云：'芳草和烟暖更青，闲门要路一时生。年年点检人间事，惟有春风不世情。'余尝以此二诗作一联云：'白发惟公道，春风不世情。'盖穷人不偶，遣兴之作。"诗中"惟"字，包含言外之意：除了白发，人世间再没有公道可言。社会不公正，在诗人笔下得到深刻揭露和有力鞭挞。

宋代范成大在《重九日行营寿藏之地》一诗中说："家山随处可行楸，荷锸携壶似醉刘。纵有千年铁门限，终须一个土馒头。"人生在世，唯有生老病死是公正的，不管你是富贵还是贫贱。

三〇八

有钱堪出众①，无衣懒出门。

【注释】

①有钱堪出众：有钱的人显得出众。堪，能够，可以。

【译文】

有钱的人就显得与众不同，没有衣服的人就懒得出门。

【点评】

本则讲物质对人的影响。

钱财有时使人自信。钱财多的人，如果乐善好施，可以有充足的资金去办有益的事，自然可以成为众人赞扬的对象。而没钱的人，则常常受困于资源所限，面对想做的事情时心有余而力不足。

有钱堪出众，一作"有才堪出众"，意为有才华的人显得与众不同。这两句的侧重点不同，分别突出了钱财与才华对人的影响。

常言道："人靠衣裳，马靠鞍装。"合适的衣服可以衬托人的形象，彰显人的气质，给人以尊严和体面。没有合适的衣服，就没有心情和自信参加各种活动。摆脱这种困境的办法,是不断提升本领,使自己变得优秀和富有,穿着得体的服装自信出门。

三〇九

为官须作相,及第必争先^①。

【注释】

①"为官须作相"二句:明徐霖《绣襦记》:"云程快着祖生鞭,月桂高扳看锦旋。素志为官须作相,高才及第必争先。"及第,旧称科举中试为"及第"。

【译文】

做官就要做宰相,科举考试就要争头名。

【点评】

本则劝人力争上游。

在传统观念上,古人读书就是为了做官,官做得越大,则荣耀越大。在百官之中,最为尊贵的莫过于相。做到宰相的职位是每一个读书人的梦想,而要实现这个目标,就要刻苦读书,科举及第。正像《古诗十九首》所言:"何不策高足,先据要路津?"

现在看来,这两句是古代功利主义观念的反映,但包含了一种奋勇争先的精神。无论做什么事,都应尽最大力量做到最好。

三一〇

苗从地发^①,树向枝分。

【注释】

①发:指发芽,萌发。

【译文】

幼苗从地里长出来,树枝从树干上分出来。

【点评】

本则讲同根同源。

树苗从地里长出,长到空中,然后分枝开叉。虽然开叉了,还是同一个根,由此喻指做事不要忘记根本。从家庭的角度看,父子、兄弟无论怎样,都是同根同源,只有合在一起,才是完整的家,家庭才能兴旺,日子才能过得红火。从社会的角度看,同姓之人,追根溯源,也还是同根同宗。从国家的角度看,虽然很多人分散各地,毕竟还是华夏一脉。可见,追根溯源,可以生出团结的力量。

三一一

父子和而家不退,兄弟和而家不分。

【译文】

父子亲近,家道不会衰退;兄弟和睦,家庭就不会分崩离析。

【点评】

本则讲家庭和睦的重要性。

"家族观"是传统中国的重要观念。在中国人的心目中,家族就如同一棵大树,只有枝繁叶茂才算昌盛,只有整体存在才不会分裂衰落。父子和睦相处,家庭才能一直延续下去而不断绝,家道才不会衰退;兄弟相和,才能互相帮衬、各自强大,才能使整个家族更加强盛,家庭也不会分裂。

家和万事兴,只有家庭和睦了,事业才会有成功的保障。

三一二

官有正条^①，民有私约^②。

【注释】

①正条：指国家正式颁布的法规条文。《金史·刑志》："九年，因御
　史台奏狱事，上曰：'近闻法官或各执所见，或观望宰执之意，自今
　制无正条者皆以律文为准。'"

②私约：私下签订的契约。

【译文】

国家有正式颁布的法规条文，民间有私下签订的契约。

【点评】

本则讲法律与契约。

"没有规矩不成方圆，没有五音难正六律"。人类社会要能够和谐
共存，必须有一套共同的行为准则来约束。国法、民约都是这种约束和
准则。古代社会有一整套制度规范：国有国法，乡有乡约，家有家规。当
今社会，仍然需要各种规范，国家有法律、学校有校规。正是依靠这些制
度规范，人们的行为才有所约束，从而保证社会的稳定和有序运转。

遵守契约，诚信做人，是人立足社会的基础。

三一三

闲时不烧香，急时抱佛脚^①。

【注释】

①"闲时不烧香"二句：宋张世南《游宦纪闻》："云南之南有番国，
　俗尚释教，人犯罪应诛者，捕之急，趋往寺中。抱佛脚悔过，愿髡

发为僧,以赎前罪,即萱之。谚云:'闲时不烧香,急则抱佛脚。'本此。"急时抱佛脚,宋刘攽《中山诗话》:"王丞相嗜谐谑。一日,论沙门道,因曰:'投老欲依僧。'客遽对曰:'急则抱佛脚。'王曰:'"投老欲依僧",是古诗一句。'客亦曰:'"急则抱佛脚",是俗谚全语。上去投,下去脚,岂不的对也?'王大笑。"抱佛脚,原指信仰佛教,钻研佛理。唐孟郊有《读经》诗:"垂老抱佛脚,教妻读黄经。"谓年老信佛,以求保佑,有临渴掘井之意。后因称平时无准备而事急时仓猝张罗为"临时抱佛脚"。

【译文】

平时空闲时不去烧香拜佛,等有事着急时才去抱佛脚祈求保佑。

【点评】

本则讥讽仓促行事者,教人应未雨绸缪。

"临渴掘井",为时已晚。《黄帝内经·素问》有言:"夫病已成而后药之,乱已成而后治之,譬犹渴而穿井,斗而铸锥,不亦晚乎!"《晏子春秋》记载了一则故事:春秋时,鲁昭公逃离自己的国家投奔齐国,齐景公问他为何落得如此地步,鲁昭公说:"我不懂用人,又听不进谏言,导致身边都是奸佞小人,无人辅佐,因此失去政权。"景公听了问晏子:"如果帮助鲁昭公回国,他会成为贤明国君吗?"晏子说:"不然。夫愚者多悔,不肖者自贤,溺者不问隧,迷者不问路。溺而后问隧,迷而后问路,譬之犹临难而遽铸兵,临噎而遽掘井,虽速亦无及已。"比喻事到临头才着手准备,为时已晚。清代朱柏庐《治家格言》提醒世人:"宜未雨而绸缪,毋临渴而掘井。"平时要多做准备,多做预案,不要事到临头,再仓促行事。

三一四

幸生太平无事日[①],恐逢年老不多时。

【注释】

①太平无事日：指太平盛世。宋金君卿《梦赋诗寻得唐韵册检看见恩字韵》："太平无事日，藩服尽宾门。九奏张新乐，千官奉至尊。"

【译文】

有幸生活在太平无事的日子里，就恐怕到了老年这样的日子就不多了。

【点评】

本则忧老。

这两句，一方面是对太平盛世的留恋，一方面是对未来生活的担忧。历史上多战乱，天灾人祸频仍，能够生活在太平盛世，自然是人生的大幸事。作者担心这种盛世不能持续一生，所以忧虑年老后的生活。这不是杞人忧天，而是真实的忧虑。反观今天的太平盛世，我们更应该倍加珍惜，只争朝夕。正像有人说："哪有什么岁月静好，只不过有人替你负重前行。"

三一五

国乱思良将，家贫思贤妻①。

【注释】

①"国乱思良将"二句：《史记·魏世家》："魏文侯谓李克曰：'先生尝教寡人曰"家贫则思良妻，国乱则思良相"。今所置非成则璜，二子何如？'李克对曰：'臣闻之，卑不谋尊，疏不谋戚。臣在阙门之外，不敢当命。'"

【译文】

国家战乱时期望优秀的将领，家里贫困时想要贤惠的妻子。

【点评】

本则说愈是困危之时，愈显示用人得当的重要。

良将是国家栋梁之材，能为救国救民出谋划策，并为国家扛起重任。贤妻能与丈夫同甘共苦，孝老养幼，为家庭分忧。当遇到重大危机或人生困境时，他们的重要性体现得更为充分。"沧海横流，方显英雄本色"。

据《三国志·魏书·郭嘉传》记载，曹操征讨荆州回来，行至巴丘时，军中发生病疫，只得烧掉船只，曹操叹息道："若是郭奉孝（郭嘉的字）还在，我何至于弄到如此地步啊。"郭嘉有鬼才之称，为曹操统一北方立下了汗马功劳，被称为"才策谋略，世之奇士"。所以，曹操才在危难之时想到这位"良将"。

既然懂得良将和贤妻的价值，平时就要多加珍惜善待，不要待到陷入困境之时再去企盼，那时往往悔之晚矣。

三一六

池塘积水须防旱①，田地深耕足养家。

【注释】

①积水：蓄水。

【译文】

池塘里平日积水以防天旱，田地深耕细作足以养家糊口。

【点评】

本则旨在告诫人们居安思危，有备无患。

积水才能防旱，勤劳方可养家，这是古人忧患意识的体现。人生不怕准备充分，最怕猝不及防。农业社会，靠天吃饭，若遇大旱，庄稼不收，就会挨饿，所以抗旱是一件大事。要抗旱就要早做准备，池塘平日多积水，就是一项重要的防患措施。

要想农业收成好，就得人员多勤劳。俗话讲"人勤地不懒"，这是农业社会人们的养家谋生之道。只有辛勤劳动，才足以发家致富。

这两句与前文"养儿防老,积谷防饥"的思想一致。

三一七

根深不怕风摇动,树正何愁月影斜①。

【注释】

①"根深不怕风摇动"二句:明《寻亲记》:"(末)娘子请受了这米肉,(旦)米肉无功怎受之。(末)一言已定做夫妻。(丑)根深不怕风摇动,(旦)树正何愁月影移。"

【译文】

树大根深,就不怕大风摇动;树身端正,就不担心月色下树影倾斜。

【点评】

本则旨在固本强基。

这两句比喻只要根基稳固,就不怕外力干扰;也比喻自身行为端正,就不怕他人诽谤。

现实生活中的人难免会遭受他人的非议,但只要自己行为端正,问心无愧,就不怕流言蜚语。常言道:"身正不怕影斜,脚正不怕鞋歪。"

清代郑板桥有《竹石》诗:"咬定青山不放松,立根原在破岩中。千磨万击还坚劲,任尔东西南北风。"只要自己立根深稳,千磨万击也不会被打倒。中医中"正气存内,邪不可干"也是这个道理。一个人身上正气旺盛,阳气充足,邪气难以入侵体内,就不会生病了。

三一八

奉劝君子,各宜守己。只此呈示①,万无一失②。

【注释】

①呈：恭敬地往上递送。示：给对方看。

②失：闪失。

【译文】

奉劝天下的君子，各自要坚守住自己的本分。只要按照以上的准则来行事，可保做事不会有闪失。

【点评】

本则是整本书的结语，对读者提出希望，揭示阅读本书的意义。

由结语可见，作者编辑这部书的目的是指导人们的日常生活。作者对这些准则深为认同，认为可保"万无一失"。

无可否认，本书中的绝大部分内容具有积极意义，比如珍惜时间、力争上游的奋进思想，比如未雨绸缪、居安思危的忧患意识，比如知足知止、物极必反的生存智慧等等，这些对于我们今天的为人处世具有很强的指导作用。但这部书毕竟是封建社会、农业时代的产物，不可避免地带有时代印痕和一定的思想局限，如宿命论、因果报应、男尊女卑的观念、消极颓废的思想等等。

今天，我们应辩证地加以看待，"取其精华、去其糟粕"，这也是我们重新学习这本书的价值和意义所在。

中华经典名著
全本全注全译丛书
（已出书目）

唐才子传	六韬
大明律	吕氏春秋
廉吏传	韩非子
徐霞客游记	山海经
读通鉴论	黄帝内经
宋论	素书
文史通义	新书
鬻子·计倪子·於陵子	淮南子
老子	九章算术（附海岛算经）
道德经	新序
帛书老子	说苑
鹖冠子	列仙传
黄帝四经·关尹子·尸子	盐铁论
孙子兵法	法言
墨子	方言
管子	白虎通义
孔子家语	论衡
曾子·子思子·孔丛子	潜夫论
吴子·司马法	政论·昌言
商君书	风俗通义
慎子·太白阴经	申鉴·中论
列子	太平经
鬼谷子	伤寒论
庄子	周易参同契
公孙龙子（外三种）	人物志
荀子	博物志

抱朴子内篇

抱朴子外篇

西京杂记

神仙传

搜神记

拾遗记

世说新语

弘明集

齐民要术

刘子

颜氏家训

中说

群书治要

帝范・臣轨・庭训格言

坛经

大慈恩寺三藏法师传

长短经

蒙求・童蒙须知

茶经・续茶经

玄怪录・续玄怪录

酉阳杂俎

历代名画记

唐摭言

化书・无能子

梦溪笔谈

东坡志林

唐语林

北山酒经（外二种）

折狱龟鉴

容斋随笔

近思录

洗冤集录

岁时广记

传习录

焚书

菜根谭

增广贤文

呻吟语

了凡四训

龙文鞭影

长物志

智囊全集

天工开物

溪山琴况・琴声十六法

温疫论

明夷待访录・破邪论

潜书

陶庵梦忆

西湖梦寻

虞初新志

幼学琼林

笠翁对韵

声律启蒙

老老恒言

随园食单

阅微草堂笔记

格言联璧

曾国藩家书

曾国藩家训

劝学篇

楚辞

文心雕龙

文选

玉台新咏

二十四诗品·续诗品

词品

东坡养生集

闲情偶寄

古文观止

聊斋志异

唐宋八大家文钞

浮生六记

三字经·百家姓·千字文·弟子规·千家诗

经史百家杂钞